偏差値40からでも

医学部合格必勝回答50

メルリックス学院 受験情報センター長
鈴村倫衣

IDP出版

はじめに

難関で知られる医学部受験。

国公立医学部は毎年2万人を超える志願者を集めています。学費が高いと言われる私立医学部でさえ、2014年度に一般入試の志願者がのべ10万人を超えました。超高齢社会の到来により医師不足が叫ばれる中、2016年には東北医科薬科大学、2017年には国際医療福祉大学と2校の私立医学部が新設されました。

最近は情報系学部の人気が伸びてきたこともあり、若干難易度が下がりつつありますが、それでも少子化をものともせずに医学部人気は続いています。

以前は「お金持ちの開業医のお子さんが行くところ」というイメージだった私立医学部も、学費の値下げや地域枠の広がりなどにより一般家庭から進学するケースも増えています。

医師になって世の中の役に立ちたいという子どもの夢を叶えるため、親も塾・予備校選びやオープンキャンパス・大学説明会に一緒に足を運ぶなど、一心同体となって子どもの受験をサポートしています。

私が働いている医学部専門予備校は、そういう方々が来るところです。どちらかと言うと、勉強や学力には自信がなく、でもどうしても医学部に行きたい、医師になりたいという方がメルリックス学院の門をたたいて来られます。

設立から25年目を迎えるメルリックス学院は、これまで医学部にのべ７０００人に近い合格者を送り出してきました。渋谷区桜丘町の一校舎から始まった予備校が、今では東京、名古屋、大阪に校舎をかまえ、２０２２年には医学部受験情報のシンクタンクとして【受験情報センター】を設立しました。私はその初代センター長として、今も医学部受験情報の最前線にいます。

ずっと渋谷校で生徒の進路指導や面接・小論文指導に携わってきましたが、最近ではX（旧Twitter）を通じて、メルリックス学院の生徒以外ともやり取りする機会が増え、質問箱アプリを通じて、1万件以上の質問にお答えしています。

何千人もの受験生に接して来た経験から言えば、偏差値40から医学部に合格した例はいくらでもあり、決して珍しくありません。本書では私がこれまで受験生や保護者から受けてきた質問に答え、プロの必勝戦略をすべて明かします。

私の眼から見た医学部受験の現在と、学力に不安のある生徒がどのようにして医学部に合格していったかを一人でも多くの方にお届けできればと思います。

メルリックス学院
受験情報センター長　鈴村　倫衣

目次

CHAPTER 1

CHAPTER 2

合格の秘訣 その2 家族力と周囲のサポートの仕方 88

CHAPTER 3
合格の秘訣 その3 受験は情報戦！ 各大学の選抜傾向を知る

付録データ　センター長の分析　私立医学部31校 特色と選抜内容　212

その1 合格の秘訣

CHAPTER 1

6・3・3の勉強のレンガを積み上げる

合格の秘訣1

01

小6、中3、高3の勉強に隙間《すきま》はないか？

医学部受験の相談に来る受験生にお会いする時に、私が最初に見るところはどこだと思われますか？

現在の成績？――確かにそれも大切です。高校の調査書？――評定平均は気にします。推薦が受けられるとチャンスが広がるので。

全国模試の合否判定？――全く見ていません。

私が最初に見るところ、それは「勉強のレンガがどこまで積み上がっているか？」です。

えっ、勉強のレンガって何のこと？と思われますよね。

文部科学省の学習指導要領※に従って、小学校6年間、中学校3年間、高校3年間と「勉強のレンガ」を積み上げた先に、大学受験があります。小・中・高の過程で理解できない部分をそのままにしていると、勉強のレンガの隙間ができてしまい、いくら大学受験レベルの勉強を上から詰め込んでも建物は完成しません。ですから、抜け落ちているレンガの部分を地道に積み直す必要があるのです。

大げさでなく、受験生の中には、勉強のレンガがスカスカの子がいます。中学英語で学ぶ動詞の三段活用を知らないことも珍しくありません。それはまだマシなほうで「英単語を覚えるにはどうすればいいですか?」と聞かれることもあります。そうした受験生に対して、私は生徒の毎朝の英単語チェックにつき合ったり、単語帳の決められた範囲からテストを出し合ったりして、勉強の最初の一歩を踏み出してもらうようにしています。

自分のわからないところまで戻るのは、苦しく辛いことですし、残された時間が少なければどうしても焦ります。そこを最大限、効率の良いやり方で学力を伸ばすのが医学部専門予備校の教材であり、カリキュラムなのです。

Note

※**学習指導要領**：文部科学省が定めている教育課程のこと。全国どこの学校でも一定の水準が保てるように学習目標や授業時間数が決められており、約10年に1度改訂される。円周率が3になったり、小学校5・6年で英語が導入されたりするのは、この教育課程の改訂による。

学びの土台はしっかりしているか？

小学校から中学校、高校までの勉強のレンガを積み上げることが基本。その過程でレンガの隙間があれば、医学部合格の建物は完成しない。土台が不完全だと、暗記に頼ることが多く、学んだことが頭の中でつながらない

02

人間は忘れる生き物
反復練習は欠かせない！

さて、隙間なく勉強のレンガを積み上げることの大切さを、なんとなくでもおわかりいただけたかと思います。

じゃあ、わからないところまで戻って、積み上げ直せばいいんですね！　頑張ります！　そういう気持ちになっていただければ非常に嬉しいです。

しかし、ここでもう1つ《ひと》の落とし穴が待ち受けています。

それは、人間は「忘れる」生き物だということです。

試しに、今から1ヶ月ほど前にやったノートを取り出してください。どんな問題で、先生がどんな解説をしたか思い出せますか？全く同じ問題が出たら、すらすらと解けますか？　たいていの人は1ヶ月前にやったことを今日やったばかりのようにクリアに思い出すことはできません。つまり、せっかく勉強のレンガを積み上げても、1ヶ月もすればなくなってしまっているということです。勉強は「復習が大事」と言われるゆえんです。

でも、がっかりしないでください。**1度やったことは、たとえはっきりとは思い出せないとしても、おぼろげには覚えているものです。積み上げたレンガは、すぐ下に落ちていますから、それを拾って、また嵌《は》め直せばいいのです。**しかも、ゼロから積み上げた時と違って、すぐにレンガを見つけることができますし、どの位置に積めばいいかもすぐにわかります。

こうして何度も落ちたレンガを拾っては積み、拾っては積みを繰り返すうちに、だんだんと学んだ内容が頭の中に定着するようになるのです。

カナダのウォータールー大学の研究報告によると、学生を対象に講義後の復習のタイミングに関する実験を行った結果、学んだ内容について復習（繰り返し学習）を行えば、記憶の減少を抑えられ、学習効果を上げられることがわかっています（次ページのグラフ参照）。

ウォータールー大学の研究報告

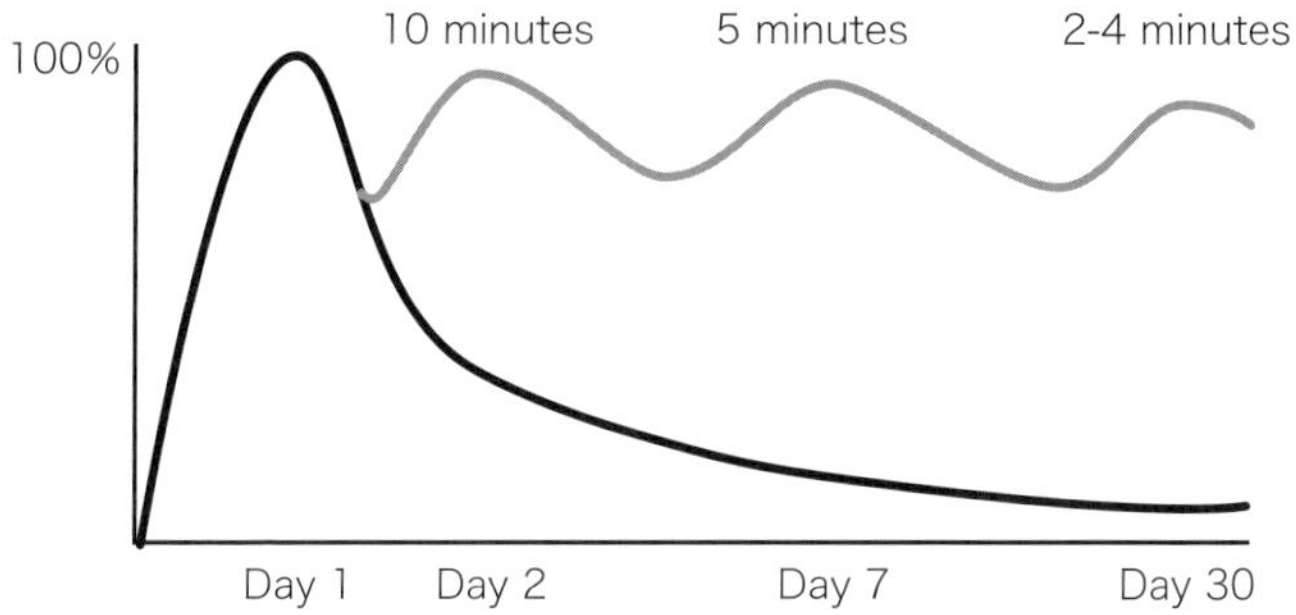

出典：University of Waterloo『Curve of Forgetting』

講義終了後の記憶を 100 %（曲線の最高点）とする。その内容を 2 日目までに何も復習しないと、学んだことの 50 〜 80 %を失うことになる。その後、記憶はさらに少なくなっていき、30 日目には 2 〜 3 %しか残っておらず、ゼロから学び直す必要がある。しかし、復習を行うと、以下の効果があることが明らかになった

24 時間以内に 10 分間復習 →記憶は 100% 戻る
1 週間後、同じ材料を**再復習** → 5 分で記憶が戻る
30 日後に再々復習 → 2 〜 4 分で記憶を呼び戻せる

合格の秘訣1

03

繰り返しやることで入試で使える武器となる

受験勉強のコツは、自分がわからなくなったところまで戻ることです。

「わからないところをわかるようにする」――これが勉強の基本であり、「わからない」ことを1つひとつ解消していかなくては成績は伸びていきません。

これまであまり勉強をしてこなかった子ほど、努力の量を甘く見積るクセがあります。本人は頑張っているつもりでも、講師から見れば「まだまだ足りない」ということが往々にしてあるのです。

できない子ほど、なるべく1回ですべてを覚えようとしがちです。きっと何度も同じことを勉強するのが苦痛なのでしょう。それを見るたびに私は「努力のオーダーが違う」と感じます。オーダーというのは理系研究でよく使われる用語で、簡単に言うと桁《けた》数のことです。

勉強ができる子は、何回という回数にこだわらず、できるようになるまでしつこ

「わからない」を放置しない

「わからない」「できない」ことを解消し、コツコツと
「わかる」「できる」ようにしていくことが勉強の王道。
そのためには、わかるようになる（できるようになる）
まで、しつこく何回も繰り返して勉強しよう

く何回も繰り返します。もっと言えば、忘れることを恐れません。

では、「繰り返し」とはどのぐらいの回数のことを言うのでしょうか？　2回？　3回？　それとも5回？

正解は「できるようになるまで何回でも」です。できなければ、それこそ10回でも20回でもやるしかないのです。

よほどの天才でない限り、繰り返しやらなければ頭には入りません。しかも入試では限られた試験時間の中で、プレッシャーを感じながら問題を解く必要があります。「あのやり方はどうだったたっけ……？」と思い出しているようでは、医学部合格はおぼつきません。

問題集は１冊を
ボロボロになるまで使い込む

新しい問題集に手を出すよりも、１冊の内容を完全にマスターするまで何度も繰り返して行うのが受験の鉄則

ちなみに、「問題集は新しいものに手を出すよりも、同じものを繰り返してやったほうがいい」というアドバイスを聞いたことがある人は多いはずです（聞いたことがない人は今ここで覚えてください。受験の鉄則です）。

医学部に合格した子の多くは、たいていボロボロになるまで使ったテキストや問題集を持っています。よく合格体験記などで紹介されていますが、繰り返しやってようやく入試で使える武器となるのです。

合格の秘訣1

04

学力が不安な受験生へ頭のキレより継続力！

医学部受験において「地頭の良い人は有利ですか？」という質問を受けることがあります。この場合の「地頭」とは、受験勉強において人よりも早く学習内容を定着させられる人と定義しましょう。こういう人は授業を聞いている時の集中力や理解度が高く、多くのレンガを積み上げることができるのです。そのため、受験において地頭が良い人が有利であることは否定しません。

しかし、**「有名医学部にこだわらない」のであれば、普通の人が地頭の良い人に決して劣ることはありません。**もちろん、東京大学理科三類や慶應義塾大学医学部といった最上位校はなかなか難しいですが、**3教科4科目で受験できる私立医学部まで範囲を広げれば、必ずどんな子でもチャンスはあります。**むしろ、自分の才能に慢心せず、継続して努力できる子の方が、早く医学部合格のゴールにたどり着けるとも言えます。

仮に医学部合格ラインを偏差値60（上位約16％）とすると、受験生の上位16％に入るには、地頭の良い人でも努力しなければ医学部合格には手が届きません。いわゆる地頭の良い受験生が何年も浪人を重ねることも多いです。なまじちょっと勉強すれば成績が上がるため、努力を継続することができないのです。おそらくその数は、皆さんが思っているよりずっと多いと思います。

逆にそれほど要領の良くない、お世辞にも勉強が得意とは言えない受験生でも、コツコツと努力して医学部合格をつかむことは可能です。むしろ、こういうタイプは「自分は勉強ができない」と自覚しているので、とにかく勉強量を増やして合格に近づこうとします。地頭の良い受験生が本気になれずにグズグズしていると、そういう子に負けてしまいます。

これまで何千人という医学部受験生を見てきましたが、継続して勉強を積み上げていけば、必ず医学部合格を勝ち取ることができます。

理系科目をゼロから始めた 再受験生 A さんのテキスト

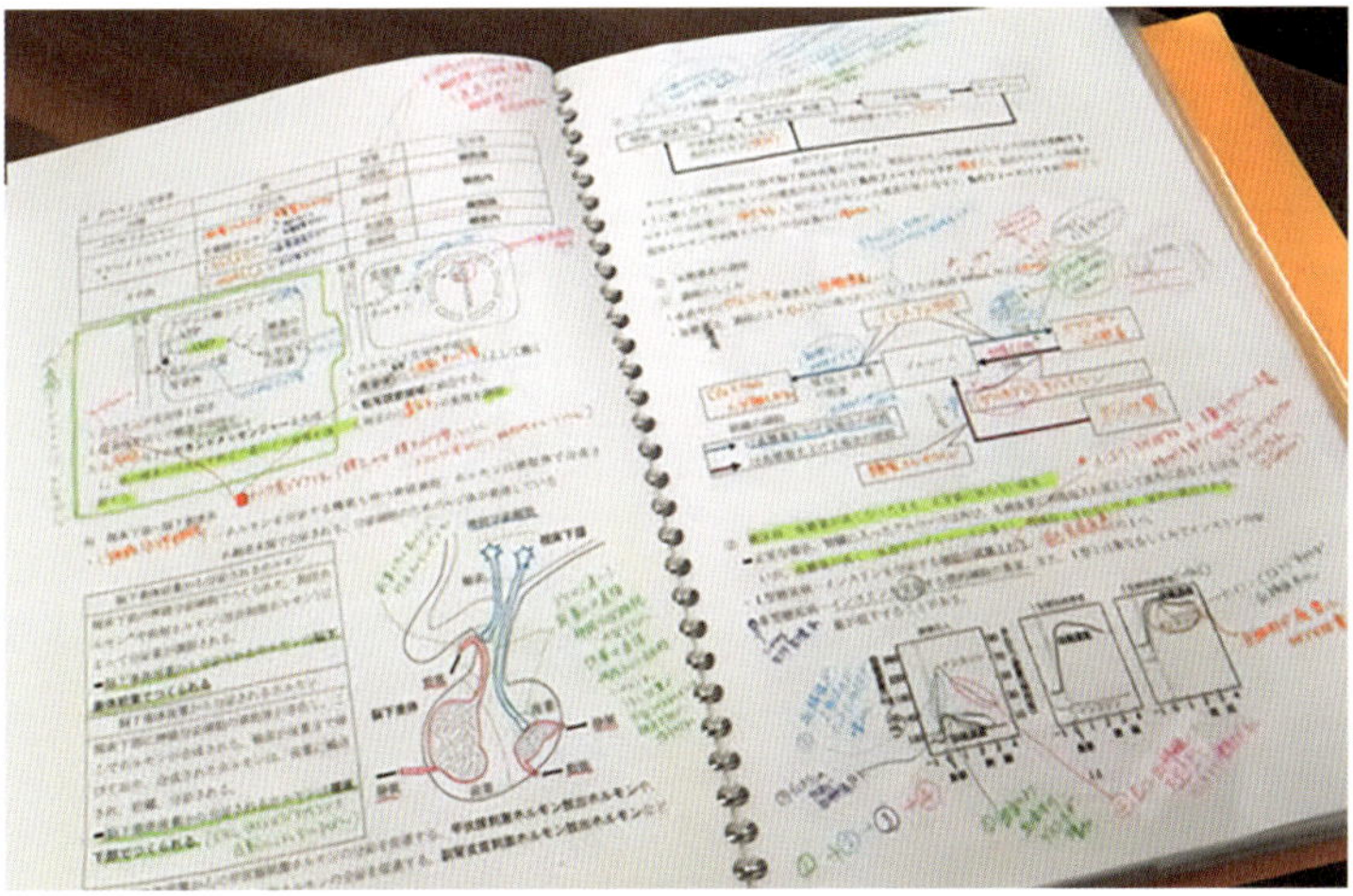

文系大学からの再受験であったため、理系科目は初学状態からのスタートだったが、生物の先生のオリジナルプリントをもとにマーカーや赤ペンを使って書き込みを行い、オリジナルノートを作成していた。また A さんは、復習のために『リード Light ノート』（数研出版）を何度も読み返すことで、苦手科目を克服した

合格の秘訣1

Q&A

勉強のレンガを積み上げるための質問箱

X（旧Twitter）でおなじみの鈴村が皆さんの質問にお答えします

1

Q 同じ間違いを繰り返さないためにはどうすればいいですか？

A 自分のミスをまとめたノートを作ろう！

東京慈恵会医科大学医学部に合格した生徒Kさんの例をご紹介しましょう。彼女は浪人すると決めた3月から、英語・数学・化学・物理のすべての科目で、自分がミスしたところを毎日ノートに書いて「自分のミスを集めたノート」を作っていました。試験直前はそのノートだけを何度も何度も見直していたそうです。

ミスをノートに書き出すことで、自分のミスを冷静に振り返ることができるし、自分がミスしやすいところを繰り返し見直すことは試験前に非常に効果的です。

Kさんの実際のノートを次の34〜35Pで紹介します。

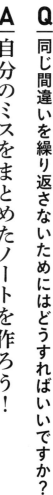

「自分のミスを集めたノート」

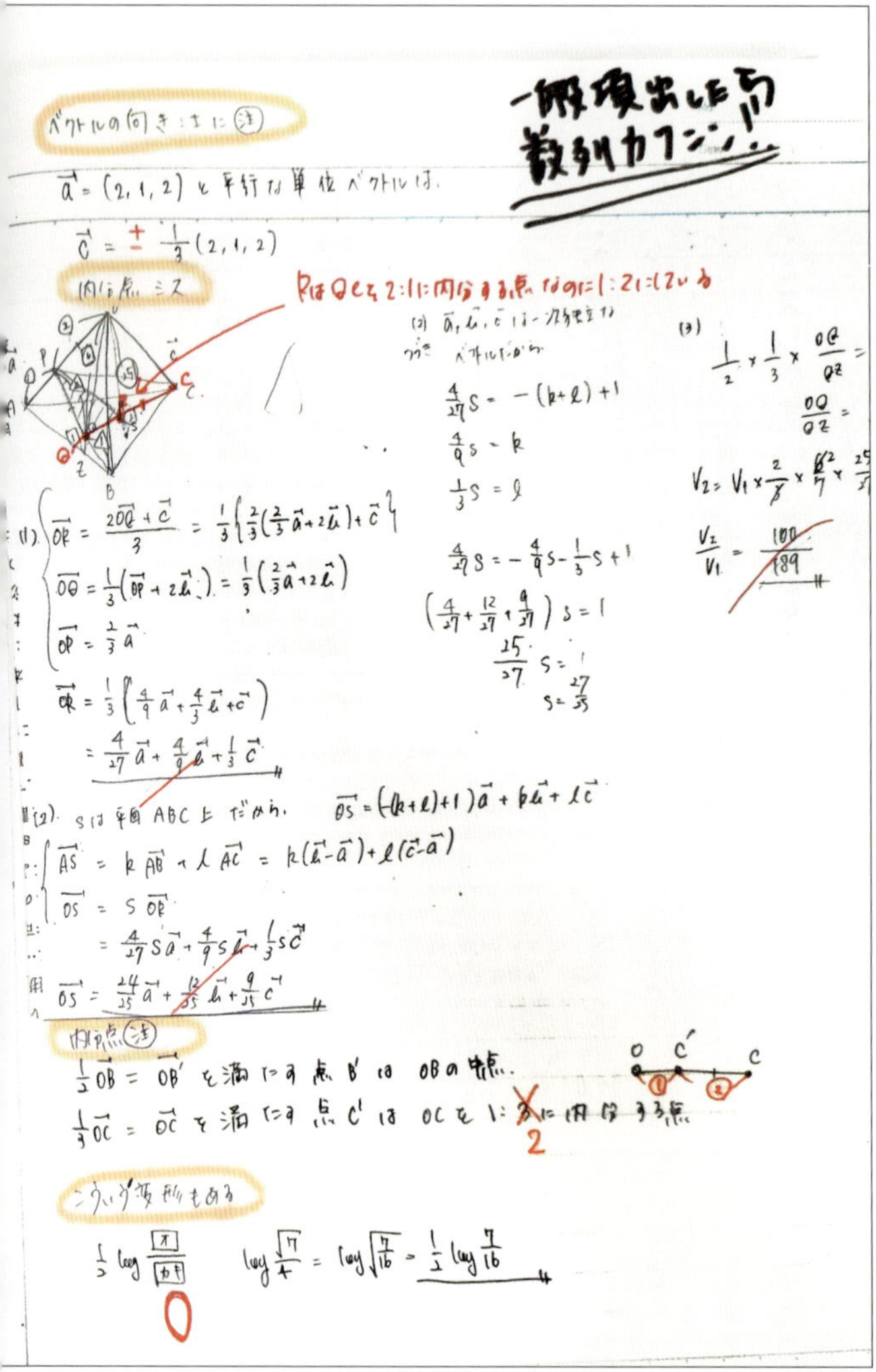

右ページでは、自分がミスした箇所を赤ペンで修正していつも見直していた

Ｋさんが試験直前まで見直していた

テスト前に思い出すこと.

●問題は最後まで２回読む

最後に大事なことが書いてある!

new me!

左ページにはテスト前に思い出すこととして、「●問題は最後まで２回読む（最後に大事なことが書いてある！）」と明記

「まとめノート」

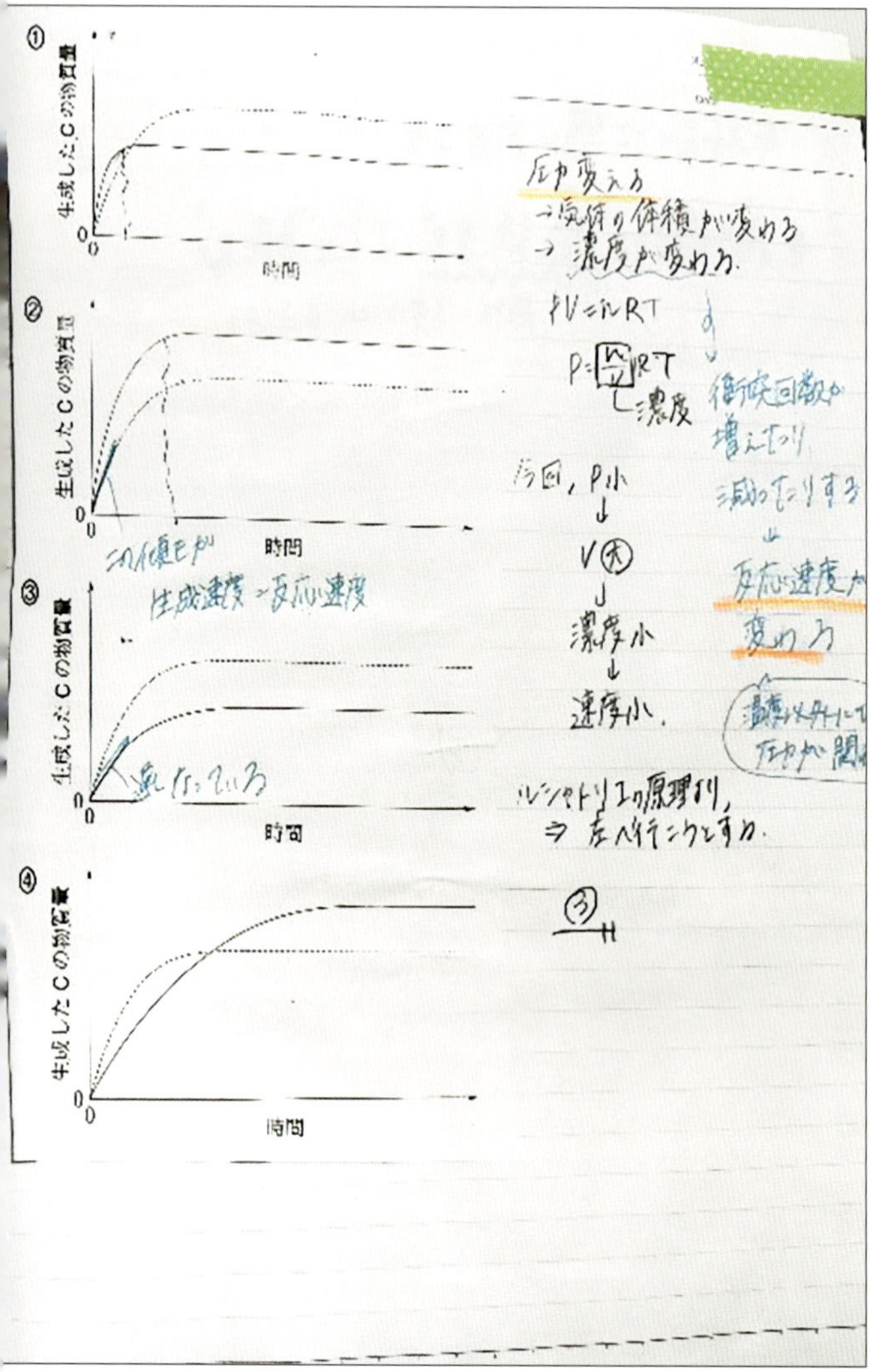

右ページでは、生成したＣの物質量の時間変化に関する問題を解く考え方を黒字や青字で記入

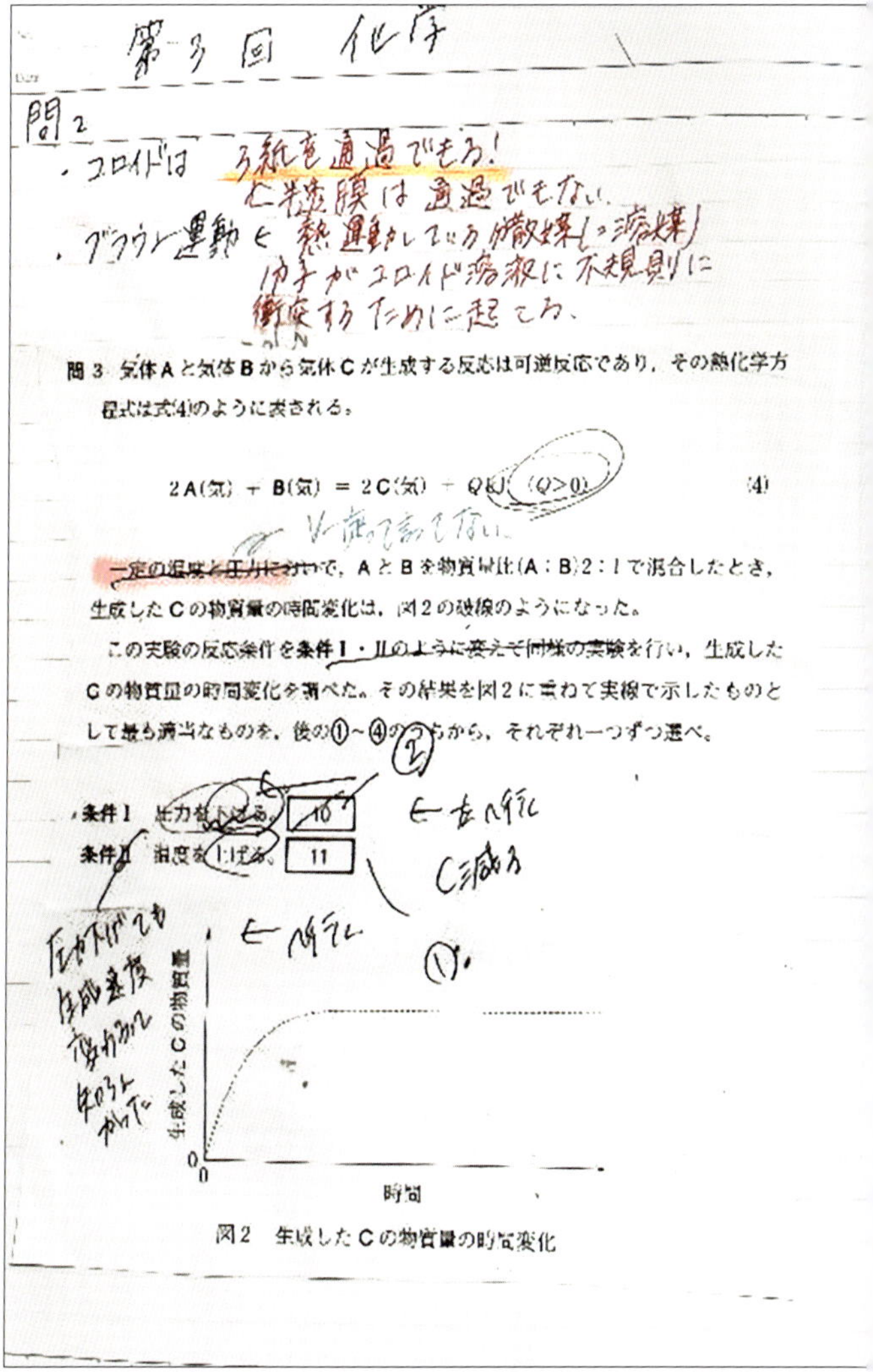
第3回 化学

問2
・コロイドは ろ紙を通過できる! 半透膜は通過できない。
・ブラウン運動 ← 熱運動している分散媒(=溶媒)分子がコロイド溶液に不規則に衝突するために起こる。

問3 気体Aと気体Bから気体Cが生成する反応は可逆反応であり，その熱化学方程式は式(4)のように表される。

$$2A(気) + B(気) = 2C(気) + Q\,kJ \quad (Q>0) \qquad (4)$$

一定の温度と圧力のもとで，AとBを物質量比(A：B)2：1で混合したとき，生成したCの物質量の時間変化は，図2の破線のようになった。

この実験の反応条件を条件Ⅰ・Ⅱのように変えて同様の実験を行い，生成したCの物質量の時間変化を調べた。その結果を図2に重ねて実線で示したものとして最も適当なものを，後の①～④のうちから，それぞれ一つずつ選べ。

条件Ⅰ 圧力を下げる。 10

条件Ⅱ 温度を上げる。 11

図2 生成したCの物質量の時間変化

共通テスト対策のためのOさんの

共通テスト模試「化学」のやり直しをまとめたOさんのノート。コロイド粒子やブラウン運動について、間違えないように要点を赤字で書き出しているこの「自分のミスをまとめたノート」を作っている生徒は他にもいました。名古屋市立大学医学部に合格した生徒Oさんは、共通テスト前に自分の間違えるクセやすぐ忘れる範囲をまとめたノートを作っていました。36～37Pで掲示しているのがOさんのノートです。

直前にまとめて全教科対策を行うことは不可能なので、対策のポイントとして、Oさんは次の4項目を心がけました。

①共通テストの対策で間違えた箇所は、どうして間違えたかを必ずチェックする。
②自分の間違えるクセ、すぐに忘れてしまう範囲を見つけ、ノートまたはルーズリーフにまとめる。
③毎回通してやるのではなく、苦手なところを絞ってやる。
④自分の苦手形式を発見したら、その形式の問題を何問もやる。

2

Q どうすれば継続力を身につけられますか?

A 決まった時間に決まった場所で勉強を習慣化。

勉強することを習慣化しましょう。そうすれば、自然と継続できます。

皆さん、顔を洗うことや歯を磨くことは、毎日当たり前のようにしていると思います。学校に行くこと。これもいつも決まった時間に家を出て、同じ電車・バスに乗って、ほぼ同じ時間に学校に着いているのではないでしょうか。

勉強も同じように、自分のリズムを作って習慣化してしまいましょう。毎日いつもの時間、いつもの場所でスタートする。やる気のあるなしに関係なく、机に向かって座り、勉強道具を出し、参考書を開く。こうした行動を習慣化してしまえばいいのです。

行動を習慣化する

定時に起きて歯を磨き朝食をとる。その延長線上に、学校（塾・予備校）に行って机に向かうという1日の行動をルーティン化する。毎日決まった時間に決まった場所で勉強することを、まずは3週間をめどに続けてみる

合格した生徒は、朝の勉強をルーティン化しています。モーニングルーティンというやつですね。見ていると朝はあまり頭を使わずに手を動かす計算練習や漢字の書き取りなどをやっていたようです。毎朝コンビニで納豆巻きを買って、いつもの教室で納豆巻きを食べてから勉強を始める生徒もいました。そこまで習慣化することができれば、1年間勉強を継続することができるでしょう。

ちなみに、行動を習慣化するには最短で3週間かかるとされています。まずは3週間、毎日決まった時間に決まった場所で決まった勉強を始めてみましょう。

3

Q 苦手科目を克服する方法はありますか？

A 講師の手を借りてショートカットしよう。

まずは苦手科目を「習得するのに他人より多くの時間、多くの演習を必要とする科目」と定義しましょう。そもそも勉強量が足りていない科目のことは苦手科目とは呼びません。苦手以前の問題です。そうではなく、勉強しているにも関わらず伸びないのが苦手科目です。

さて、医学部に合格するために、どうやって苦手科目を攻略するか？

自分でどうにかできない時は人の手を借りることをお勧めしたいと思います。

まずは医学部受験に詳しい講師を見つけましょう。そして、自分ができないことをつつみかくさず正直に話してください。

勉強方法から計画の立て方、使う教材、ノートの取り方、学んだことが定着してい

講師の指導で苦手科目を克服

そう簡単に伸びないのが苦手科目。自分でやるのに行き詰まったら、講師の先生にサポートしてもらう。自分ができないことを正直に話して、まずは先生に言われた通りにやってみる。わからなければ必ず質問

るかどうかの復習テストなど、先生に言われた通りにやってみましょう。

わからないことはどんな小さなことでも質問してください。質問がないのであれば、何を質問すればいいかわからないと先生に伝えてください。

最終ステップとしては次の3点を判断できるようにしましょう。

【最終的に医学部に合格するための習得事項3点】

①絶対に落としてはいけない問題はどれか?
②これは解けなくてもいいという問題はどれか?
③時間内にどこから解いて、どこをあきらめるか?

実際の試験で点数を取りに行かなければなりません。毎日、手取り足取り教えてきた講師は、あなたの苦手なポイントや弱点を完全に把握しています。そのうえで合格に必要な最低ラインを取りに行くためには、最後は演習あるのみです。

4

Q いつものんびりしています。やる気スイッチを入れるには？
A 「お客さま」気質から脱却しよう！

残念ながら「やる気スイッチ」というものはこの世に存在しません。のんびりしている子には共通点があります。心の底から困ったことがない。いつも周り（主に親）がお膳立てしてくれる。つまり、これまで人生において本気を出す必要がなかったわけです。

今の子どもは小さい頃から「お客さま」扱いされることに慣れています。自分の周りをサービス業が取り巻き、お金さえ払えば丁重に扱ってもらえます。学校にとっても生徒は今や「お客さま」です。

何かを身につけようと思ったら、自分から主体的に動かなければなりません。まずは自分でやってみて、試行錯誤しながら自分のやり方を見つけていく必要があります。

これまで「お客さま」扱いに慣れている子どもが初めてぶつかる人生の壁と言っていいでしょう。見ている親はハラハラすると思います。それでも、自分の限界を乗り越えてやり遂げるという経験なしに、何かが上達することはありません。

人がやる気になっている時、脳内からはドーパミンが出ています。ドーパミンは、身体を動かしたり実際に行動することによって分泌されます。

つまり、**ドーパミンが出るからやる気になって行動するのではなく、行動することでドーパミンが分泌されてやる気が出るのです。**

まずは、行動すること。やってみること。失敗したら立ち上がってまたチャレンジすること。これまでののんびりした人生に比べると、辛く苦しいものになるでしょう。しかし、人は何かを自分の力で達成した時、自分に自信を持つことができます。ぜひ医学部合格という目標に向かってチャレンジしてみてください。

5

Q 勉強が嫌だなと思う日はどうすればいいですか？

A とにかく机に向かう。これしかありません。

医学部に合格した生徒100人に聞くと、100人とも同じ答えが返ってくる質問です。やる気がない時もとにかく机に向かう。学校（塾・予備校）に行く。それしかないです。

これは「習慣化」が何よりも大切ということの証拠です。今日は予備校に行かなかった、明日は行きづらいな。そういうことを避けるために、やる気がない日もいつもの場所で机に向かうことが必要なのです。

世界的に有名なバレリーナの森下洋子さんは「1日休むと自分にわかる。2日休むと仲間にわかる。3日休むと皆さんにわかる」という名言を残しています。自分が頭の中でイメージすることを身体で忠実に再現するために、ほんのささいなズレも許さない意志の強さを感じます。

変に完璧主義にならず、やる気がない時はいつもの自分の5％でもいい、10％でもいい。ただしその5％、10％の中で全力を尽くすことが大切なのだと思います。

6

Q 予習と復習、どちらが大事？

A 復習と答える先生が多い。繰り返すことで内容が頭に入る。

予習と復習どちらが大事ですか？ と聞くと、多くの先生は「復習」と答えます。なぜなら授業を聞いて一度で覚えられるようなごく一握りの天才を除いては、人は何度も繰り返すことで内容を頭に定着させていくからです。

では、予習は何のためにするのか？ と思う方もいるでしょう。予習の目的は主に「授業の理解度を上げるため」です。

先生が授業の解説をして板書をする。それを聞きながら写す。ただ、同じ授業を受けていても、Aさんは授業の内容を80％理解しており、Bさんは50％しか理解していないというように、人によって授業の理解度は異なります。

当然ながら、授業の理解度が高ければ高いほど、復習の時間が少なくて済みます。記憶の定着率も良いでしょう。よって、授業ではまず7~8割ほど理解して、わからない2~3割の部分を後で先生に質問に行ったり、自分で考えてみたりするというのが理想的な形でしょう。授業の理解度を上げるために予習が必要になることもあるでしょう。

ちなみに、授業の理解度が半分を切ると、「何か質問はありますか?」と聞いても「ありません」という答えが返ってくることがほとんどです。質問というのは内容をある程度まで理解している場合しか出てきません。逆に100%授業を理解できる場合は、その生徒は先生の代わりに授業ができます。

よく自分に合った学力レベルのクラスで学ぶことが大切だと言いますが、授業中の理解度7~8割の授業が「自分に合ったレベル」と言えるでしょう。

7

Q ノートの取り方がわかりません。

A ノートは後で見返し、復習のために使うもの。

ノートは何のために取るのでしょうか？

授業に出て先生の**板書をただ機械的に写すだけでは、ノートを取ったことにはなりません。**

ノートは「後で見返すために取る」ものです。つまり「復習」のためにノートを使うのです。

授業中に板書を写したはいいが、二度とノートを開かないようでは意味がありません。復習する時にノートを見返す。ああ、そうだったなと内容を思い返す。あやふやな部分は自分で調べる。もう一度、同じ問題が解けるか不安なものは手を動かしてみる。

そういった一連の動作を復習といいます。もちろん、**板書の内容だけでなく、先**

生が授業中に話したことで、必要だと思うことはどんどん書き込んでいきましょう。「これさえ見返せば大丈夫」というのが目指すノートです。

最近、授業中に板書をスマートフォン（スマホ）のカメラで撮る生徒がいます。先生の方針もあるので、必ずしも悪いことだとは言いません。しかし、大学受験がペーパー形式の筆記試験であり、手を動かすものである以上、なるべくノートは自分で手を動かして取ったほうがいいでしょう。

板書を写す時、私たちは頭の中で内容をつぶやきながら写しているはずです。そうでなければ、文字や数式をそのまま写すことはできません。けれど、カメラで撮る時は一瞬です。板書の内容を頭の中でつぶやきながら写真に撮ることはありません。

当然ですが、繰り返せば繰り返すほど、記憶は定着します。ノートを取る時に頭の中でつぶやくというのは、実は貴重な「1回目の繰り返し」でもあります。

自分が後で復習する時に、見てわかるノートにすること。記憶の定着のために手を動かすこと。それが、ノートを取る目的です。

頭の中でつぶやいてノートを取る

スマホで撮る
×

板書を筆記する
○

板書を写しきれないときはスマホで撮るのもいいが、基本は手書き。板書の内容をつぶやきながらノートに取る。板書だけでなく、授業中に先生が話したポイントだと思うこともどんどん書き込んでいこう

8

Q 復習の効果的な方法はありますか？

A 本番を見据《みす》え、この問題を時間内に解答できるかという意識で。

人間が何かを覚える方法は3つしかありません。1つは書いて覚える、もう1つは読んで覚える、最後の1つは見て覚えるです。さらに、読んで覚えるには2種類あります。声に出して読むことと、頭の中で読むことです。

書いて覚えた方が定着率がいい人。音読すると定着率がいい人。頭の中で読むことで暗記する人。見ただけで覚えられる人。いろいろなパターンがあり、人によって違います。まずは、自分がどの暗記法が得意かを知ることが必要です。

さらに大事なことがあります。医学部受験において、ゴールは「試験中に答えを書いて導くこと」です。頭の中でいくらわかっていても、それを答案に表現できな

人が何かを覚える方法

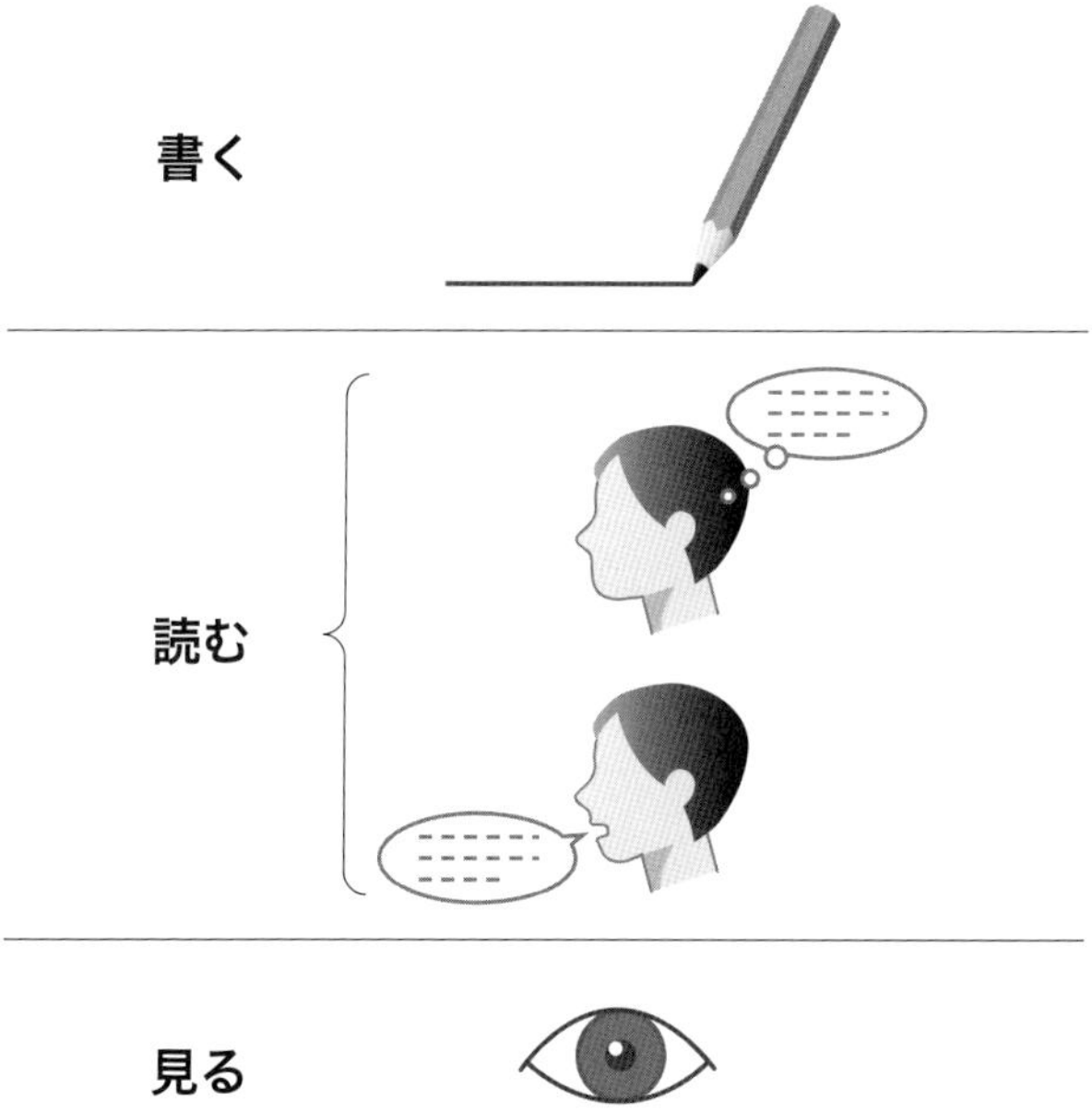

人が何かを覚えるには、①書いて覚える、②読んで覚える、③見て覚える、の3つのパターンがある。3つを組み合わせても良いので、自分の得意な暗記法をマスターしよう。本番を見据えて復習する心構えが大切

ければ意味がありません。しかも、答えだけ書く短答式の問題もあれば、思考過程を求められる記述式の問題もあります。

最終的に目指すべきゴールは、「受験の時に答案用紙に答えを書けること」です。「この問題を来年の1月に出題されて、果たして自分は時間内に答えを導き出して書けるだろうか?」という意識で常に復習してください。

9

Q 塾・予備校を決めるポイントは？

A 万人にとって素晴らしい塾・予備校というのは存在しない。

塾・予備校というのは、3つの要素に分けられると考えています。

①場所
②講師
③システム

4つ目に施設・設備、5つ目に授業料が来ると思いますが、まず大事なのは右の3つなので、この3つに絞って説明します。

①の場所ですが、どんなに良い塾・予備校でも通学に2～3時間もかかるところ

塾・予備校選びの 3 つのポイント

①場所

無理なく
通える距離

②講師

信頼できる
講師がいる

③システム

集団授業
or
個別指導

無理なく通える場所か、苦手科目を指導してくれる信頼できる講師はいるか、システムは集団授業か個別指導か、これらを確認したうえで、自分が塾・予備校に一番何を求めているかを考えて選択しようは、現実的ではありません。よって、無理なく通える場所にあることです。

②の講師は、とりわけ苦手科目に自分が信頼できる講師がいるかどうかを基準にするといいでしょう。最終的に苦手科目の克服なしに合格はないので、その科目を教える講師に素直について行けるかどうかは結果を大きく左右します。

③のシステムは、集団授業か個別指導か、信頼できる講師に必ず教えてもらえるかといったことになります。また、自分が塾・予備校に何を求めているかをはっきりさせたうえで、それを提供してくれるかどうかを確かめなければいけません。

例えば、「受験情報」や「面倒見の良さ」を求めて、どうしてもメルリックス学院で学びたいという地方の生徒は、寮に入って学院に通っています。①の場所よりも、②講師や③システムを優先した結果です。逆に自分の学力で入試を突破でき他人のサポートを必要としない人は、メルリックス学院を選ぶ必要はありません。

誰にとっても素晴らしい塾、完璧な予備校というのはありません。まずは自分がどの条件を重要視しているか、考えるところから始めましょう。

10

Q まだ高校1年生ですが何から始めれば良いでしょう?

A 英語と数学を苦手にしないことが重要です。

医学部受験の基本は英語と数学です。試験の配点もたいていの場合、全科目同じ配点というフラット型か、英語と数学が高く理科が低い英数偏重型の2つに分かれます。国公立医学部は二次試験が英語と数学のみという大学もあります。

最後に勝負を決めるのはやっぱり英語と数学であり、どちらかが足を引っ張っている限り、医学部合格は難しいと言えるでしょう。

そのためには高校英語、高校数学が始まるスタート地点でつまずかないことが重要です。

英語の壁

高校生ではリーディングの文章量が多くなる。
長い英文を読み切る力が必要

数学の溝

高校数学は数式主体になるので、数式や公式の
背後にある意味を知ろう

英語には「中1の壁」と「高1の壁」が存在すると言われています。小学校のようにコミュニケーション中心でなく、教科として英語を学ぶ中1の時に上手く学習をスタートできないと、そのままズルズルと英語が苦手になる生徒がいます。

また、高1になると今度はリーディングの文章量の多さにギブアップする子が出てきます。今の大学受験の英語は、共通テストを筆頭に長い文章を短い時間で読むことが主流です。**長い文章を読み切るだけの読解力をつけることが必要**です。

数学は「中学数学」と「高校数学」の間に大きな溝があります。中学までは文章で丁寧に説明されていた教科書の内容が、高校になるといきなり数式主体で表されるようになり、拒否反応を起こして数学が苦手になる生徒が非常に多くいます。

1つひとつの数式や公式が何を表しているか、その背後の意味をしっかりとらえながら勉強することが大切です。付け焼き刃の暗記に頼ることなく、なぜそうなるのかを考えながら勉強する姿勢が求められます。

11

Q 中学生の頃からやるべきことは?

A 勉強のレンガに隙間を作らないように、疑問点を解消していく。

前にも述べましたが、小学校6年間、中学校3年間の勉強のレンガに隙間を作らないことが重要です。

まずは学校の授業に集中してください。そして、学校の授業でやったことが難しいな、よくわからないなと思ったら、必ず先生に聞いてわからないところを解消してください。

積めないレンガをそのまま残しておくと、どこに積めばいいのかわからなくなり、しまいにはどこがわからないのかもわからなくなってしまいます。そのような

わからなければ先生に聞こう

学校の授業に集中すること。そして、わからなかったら先生に質問して、疑問点を解消しよう。でも質問ってなかなかできないもの。最初に勇気を出して質問すれば、2回目以降は気持ちが楽になって質問できる

事態をできるだけ避けることが必要です。

また、勉強から気持ちが離れてしまう時期もあると思います。そういう時期も、**1日に5分でも10分でも机に向かう**ようにしてください。そして、**定期テストの勉強をする時に、わからない部分を必ずクリアに**しておいてください。そういう地道なレンガの積み重ねが、高校3年生になった時に大きな差になっていきます。

多くの受験生の話で一番多いのが「授業がわかりにくい先生に当たって、その科目から気持ちが離れてしまった」という経験です。なるべく学校の授業で完結させるのが好ましいのですが、どうしても授業がわかりにくいということであれば、塾や家庭教師で補完することを考えてください。

12

Q 数学が苦手なのですが、医学部に進めますか？

A 数学が苦手な医学部受験生は本当に多くいます。

たいていの場合、文系科目が得意な人は文系に進み、理系科目が得意な人は理系に進みます。

しかし、医学部は医師になりたい人が目指す学部なので、文系科目のほうが得意でも、理系科目が苦手でも、医師になりたければ医学部受験に必要な科目を勉強しなければいけません。

受験生の中には数学が苦手だという生徒が多くいます。本当に数学が箸《はし》にも棒にもかからないということであれば、数学なしでも受験できる帝京大学医学部や、昭和大学医学部を勧めることもあります。

ただ、やはり受験校を絞ることは合格の可能性を下げてしまうことになるので、できれば数学を勉強した方が選択肢は広がります。また、数学が苦手な人は早い段階で国公立医学部をあきらめて、英語・数学・理科2科目に絞って、数学の攻略に時間を使うことが多いようです。

数学が苦手でも医学部に合格する生徒は、次の2点を必ず守っています。

①なぜそうなるのかを必ず考えること（暗記に走らない）
②何度も手を動かして演習すること（入試でもすぐに手が動くように）

ちなみに、医学部に入ってから数学を使うことはほとんどありません。数学が苦手だからと医学部をあきらめることなく、ぜひ受験の時だけと割り切って数学を克服してください。

13

Q 物理と生物、どちらを選択すれば良いですか？

A 物理は和文数訳、生物は和文読解

これは本当によく聞かれる質問です。ちなみに優秀な理系出身者はほとんどが「物理・化学」の組み合わせを勧めます。これは、生物よりも物理や化学の方が入試で得点しやすいとされているからです。

また、国公立医学部の一部には、「物理・化学」でしか受験できない大学があるので注意が必要です。

ほとんどの医学部受験生は「化学」ともう1科目、「物理」か「生物」を選択しますが、これは「化学」と「物理」で重なっている分野、「化学」と「生物」でも重なっている分野があり、「化学」を選択することで学習量が少なくて済むという

メリットがあるからです。

大学時代の専攻の関係で「物理・生物」を選択している再受験生をたまに見かけますが、ほとんどの人は「物理・化学」「化学・生物」のどちらかを選択します。ただし、「物理・生物」を選択したからといって、入試で不利になることはありません。

さて、「物理」という科目は、日本語の問題文を数式に直す科目、つまり【和文数訳】だと言えます。「数学」もそうです。数学が得意な人に物理選択が多いのは、【和文数訳】が得意な人が物理を選択するからでしょう。

「生物」は暗記科目と思われがちですが、それはもう昔の話なので、すぐに認識を改めていただきたいと思います。現在の生物は実験考察から多く出題され、問題文の量も非常に多いのです。短時間で日本語の文章を読解する【和文読解】の能力が求められます。

理科は何を選ぶ？

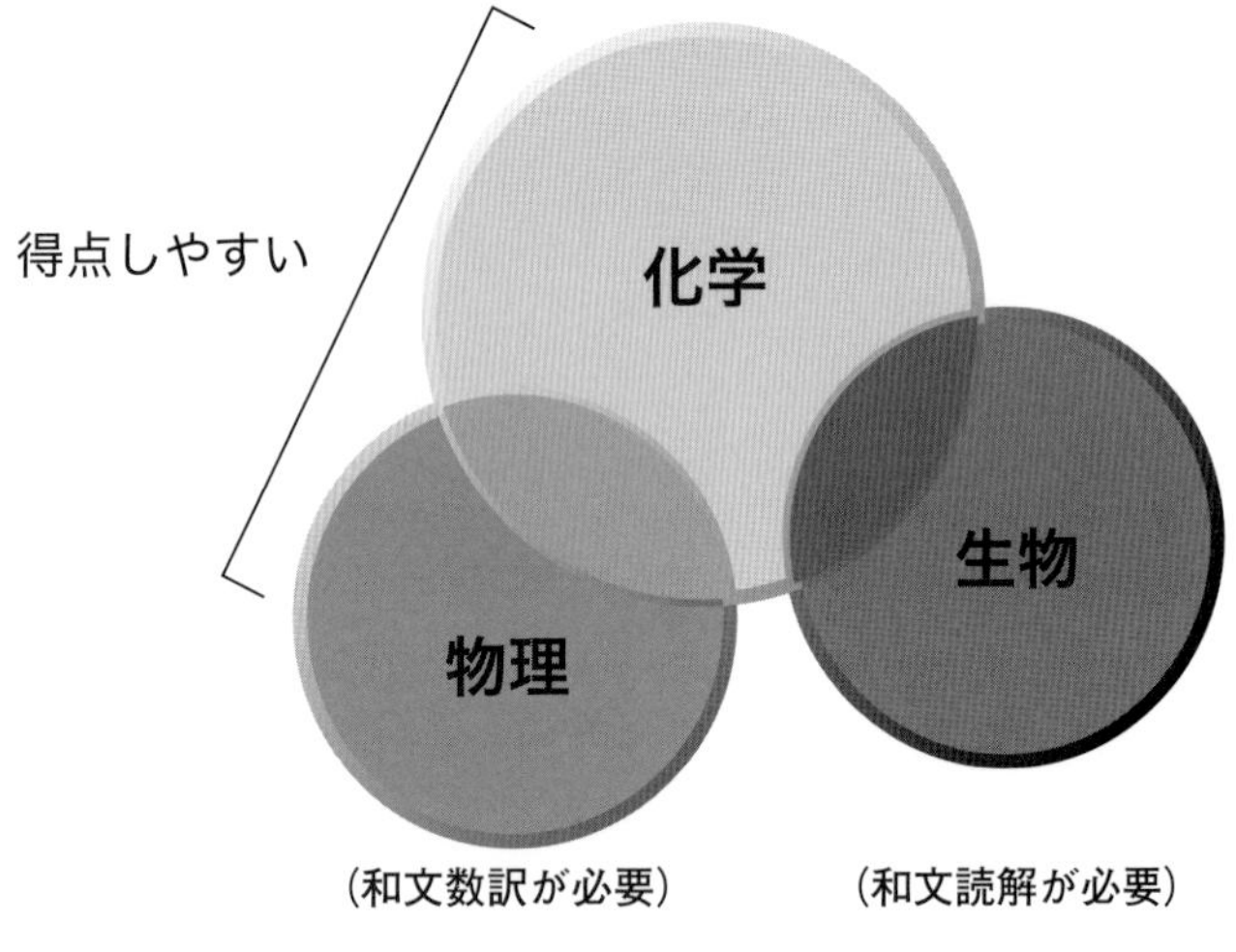

化学と物理では重なっている分野があり、化学と生物でも重なっている分野があるため、化学を選択すれば学習量が少なくて済むというメリットがある

もし、どちらか選べないということであれば、勉強していて楽しいほうを選択することをお勧めします。受験勉強のためには膨大な学習時間が必要なので、学んでいて楽しい科目、苦痛の少ない科目を選んだほうがいいからです。

ちなみに、医学部に入学してから使うのは圧倒的に生物、次に化学です。物理選択者は最初のうちは苦労することが多いですが、入学後2年ぐらいでそのハンディは気にならなくなっていきます。

14

Q 普段の授業で心がけることはありますか？

A 授業後に教科書やノートを見直してプチ復習。

授業で学んだ内容は後で何度も復習することになります。そう考えると、後で復習しやすいような工夫をするといいでしょう。

これは私が学生時代にやっていた勉強法ですが、**授業が終わった後の数分間、必ず今日の授業でやった教科書やノートをもう一度見直して、頭の中で整理**していました。

わずかな時間ですが、その作業をするだけで記憶の定着率が違うことに気づいてからは、必ず授業後のプチ復習をするように心がけていました。

さらに、見直していてあやふやなところが出てくると、後で誰かに聞くために、ノートや教科書に付箋《ふせん》を付けていました。皆さんも試しにやってみてください。

15

Q 教科別の得点力アップの秘訣を教えてください。

❶A 英語は単語・文法・長文の三本柱を大切に。

医学部受験の英語では医療系の長文が多く出題されます。だからと言って、特別な学習が必要になるわけではありません。英単語を地道に覚え、文法事項をしっかりと頭に入れて、毎日少しずつでいいので長文を読むことを大切にしてください。

医学部受験生はよく「量の多い長文をいかに試験時間内に読むか」を課題にしていますが、速読は一朝一夕にはできないので、まずは少しずつでもいいので簡単な長文をじっくり読むことから慣れていきましょう。『The Japan Times Alpha』の記事は全訳もついており、気軽に英文に触れることができるのでお勧めです。

❷ A 数学は典型問題をいかに手際よく処理できるか。

医学部においては飛び抜けて数学ができる受験生より、各教科の学力をバランスよく身につけた受験生を好む傾向があります。このことから、数学は短い試験時間内に基本から標準レベルまで、数多くの問題が出題される構成になっています。

その中で典型問題をいかに手際よく処理することができるかが合否のカギとなります。古くは「受験数学は暗記科目である」などという格言もありましたが、受験の数学もやはり学校で学ぶ数学が基本にあるので、しっかりとした基礎力があって初めて暗記が意味を持ちます。

❸ A 化学は国公立や一部の私立難関校を除いて易化《いか》（難易度が易《やさ》しくなる）傾向。

国公立医学部の化学は覚えた上でもうワンステップ考えることが必要になりますが、私立医学部は一部の難関校を除けば、

覚えていれば解ける問題がほとんどです。コロナ禍を経て、その傾向はますます強まっています。以前はあったマニアックな問題や、化学図説の隅にあるような問題はめっきり減少しました。

共通テストは1科目ずつ試験時間が決められていますが、医学部の入試は理科2科目で連続して解くことがほとんどです。最近の医学部の出題傾向を見ていると、生物または物理に時間をかけるために、化学は基本的な問題から手早く解くことが求められています。

❹ A 生物は暗記科目、は昔の話…

生物学の世界は近年飛躍的に進歩しており、「生物は暗記科目」という定説は昔の話になりました。**今はDNAなど分子生物学の出題が非常に増えていますし、1つひとつの分野で細かい知識が要求されます。**

医学部の場合、問題を作る教員が生物学のプロフェッショナルですから、人のカラダに関する専門的な問題が非常によく出題されます。実験考察の問題も頻出《ひんしゅつ》します。

ただし、2023年度、2024年度と私立医学部の生物は易化傾向にあります。特に中堅から下位校は生物が易しく、物理が難しいという組み合わせが目につきました。この傾向が今後も続くかどうかはわかりません。

❺A 物理は難易度の高い問題に惑《まど》わされない。

物理は典型的な問題の中に解き慣れない問題が含まれているパターンが多く、難易度の高い問題をどう解くかということに目が向きがちです。

ただ、**難関校と言われる大学であっても、標準問題を中心に点数を取るという基本は変わりません。解ける問題から解いていき、完答を目指すのではなく、点数を拾いに行くというやり方が有効な大学もあります。**

2023年度、2024年度と私立医学部の物理は難化傾向でした。生物と比べて物理が難しい大学も多く、物理選択者が不利なのではないかという声も聞かれました。しかし、成績開示できる大学の得点を見ると、自分の手応えより思ったより取れている大学もあり、得点調整や傾斜配点などで、有利不利がなるべく起きないよう工夫がされていると思われます。

16

Q 浪人生です。夜型で深夜まで勉強していますが、朝型に替えると何がいいのでしょう?

A 朝から行われる試験で100%のパフォーマンスを発揮せよ。

もし、入学試験が夜から行われるのであれば、夜型のままでいっこうにかまいません。しかし、選抜試験は朝9時や10時から行われます。朝から100%のパフォーマンスを発揮するためには、やはり朝型の生活リズムにしたほうが有利でしょう。

また、夜型の人は起きてからエンジンがかかるのが遅い傾向があります。だからこそ、朝早く起きる習慣を早いうちに確立して、試験が始まると同時に頭が働くようにしておきたいところです。

しかし、朝型と夜型は遺伝子レベルで決まっているという学説が近年発表されて

夜型→朝型

選抜試験は午前中から行われる。朝から100％のパフォーマンスを発揮できるように朝型の生活リズムにしたほうが有利。とにかく「質の高い睡眠」を確保する

います。朝型の人は夜遅くまで起きていることで、夜型の人は朝早く起きることで、パフォーマンスが低下傾向になるそうです。そうすると、夜型の人は無理に早起きしすぎるのではなく、ちょうど良い時間に起きて1日の活動を始めることが大切だと思われます。

受験生を見ていて感じることは、朝型、夜型のどちらも「睡眠の質」を上げることが大切ということです。質の良い睡眠には、光や音、そして温度、湿度が関係しています。自分の部屋を快適に眠れるようにする環境作りは大切だと思います。寝具にこだわるのもお勧めです。

17

Q 教育系 YouTuber の言うことはどこまで信じられますか？

A なるべく多く、長く見てもらうために動画は作られている。

YouTube は基本的に視聴回数を増やすために作られています。メルリックス学院も公式 YouTube チャンネルを運営していますが、動画のどの部分までがよく見られていて、どこで離脱が増えるかといったことが、管理画面によって一目でわかるようになっています。

YouTuber としてはなるべく多く、そして長く見てもらいたいはずなので、わざと大げさで気を引くようなタイトルをつけますし、飽きさせないような発言が頻繁に動画の中に入っています。炎上系 YouTuber などと呼ばれる人もいますが、情報系の動画は多かれ少なかれ、炎上的な要素を取り入れて作られています。

また一般的に視聴回数を増やすためには、10~15分ぐらいの動画が適切とされており、なるべく短くするために説明部分をやむを得ず編集ではしょることになります。そうすると、なぜその発言が出てきたかの背景がよくわからないままに、衝撃的な事実だけが独り歩きすることになりかねません。

教育系YouTuberはあくまで疲れた時のリラックス目的や、ちょっとした娯楽として楽しむものだと考えた方がいいと思います。

18

Q 伸びる生徒と伸び悩む生徒の違いとは？

A 素直さ、国語力、元気の3つがある生徒は伸びます。

これは大きく3つに集約されると思います。

【伸びる生徒の3要素】
①素直さ
②国語力
③元気

ほとんど勉強したことがなくゼロから医学部受験を目指すという生徒もいますが、この3つを備えた生徒は伸びるのが早いです。

勉強は基本的に先生について進めるものですから、素直さがある生徒は伸びます。素直な生徒はよく「先生を信じてついて行く」と口にします。逆に自分のこだわりにとらわれている生徒はなかなか思うように伸びません。

また、国語力も非常に重要です。医学部は理系であり、国語があるのは共通テストぐらいだろうと思うかもしれませんが、まず問題文は日本語で書かれています。先生が話す言葉も日本語であり、自分も日本語で考えています。問題文を正確に読み取ることができ、自分の考えていることを言葉で正確に表現できる生徒は伸びます。国語ができるかどうかは受験の結果を大きく左右します。

最後の元気はエネルギーと言い換えていいでしょう。勉強を継続できる体力はもちろん、新しい知識を得ることに喜びを感じる知的好奇心は何より大切です。生徒たちを見ていても、やはり元気な生徒は伸びます。

言い換えれば、つまずいている生徒は3つのうちのどれかに問題があることがほとんどです。ぜひ自分自身を振り返ってみてください。

19

Q いつもテストで時間が足りません。解決策はありますか？

A スピードを上げるための反復練習が効果的。

試験は出題者が時間と難易度を設定して、このぐらいの問題ならこのぐらいの平均点が取れるだろうという予測のもとに作成しています。よって、いつも時間が足りないということは、いつも出題者が設定したハードルをクリアできていないということになります。

時間が足りなくても合格点を取れていれば問題ありませんが、時間が足りず点数も足りないということになれば、解く順番や1問にかける時間などの戦略が必要になります。

まず、単純にスピードを上げるためには反復練習が効果的です。繰り返し問題を解くことで慣れていくし、徐々にスピード

スピードアップの秘訣

- 繰り返し問題を解くことで慣れていき、徐々にスピードは上がる
- 普段からタイム設定をして勉強を行う

は上がっていきます。計算練習もスピードを上げるためには有効です。

たくさんの受験生を見てきましたが、いつも時間が足りないという生徒は、問題を丁寧に解こうとしていることがほとんどです。試験は時間内にどれだけの点を取れるかという言わば「ゲーム」ですが、そういった意識が薄く、自分のこだわりを捨てられない生徒が多いように思います。

普段の勉強から「この問題は何分以内に解く」という意識を持って勉強することもお勧めです。

その2 合格の秘訣

CHAPTER 2

家族力と周囲のサポートの仕方

合格の秘訣2

01

親のプライドと子どもの進路の問題

これまでに何千人という医学部受験生と、その保護者の相談にのってきました。皆さんの相談にのっていると、避けては通れないテーマがあります。

受験校の話です。

例えば、お母さまからのご相談で、よくあるのはこういうパターンです。

「お子さまはどういったところを志望校としてお考えですか？」
「成績はまだまだ追いつかないのですが、一応、国公立医学部を……」
「そうですか。私立医学部の受験は考えていらっしゃいますか？」
「私立は……できれば国公立がいいと」

この時点でピンと来ます。

「では、国公立医学部だと、どのあたりの大学を考えていらっしゃいますか?」

「それはもうどこでも」

「例えば、すべりどめといった形でも、私立医学部は受験しない予定ですか?」

「はい」


ここで予想は確信に変わります。

本気で子どもが国公立大学の医学部を目指しているなら、ここまで歯切れが悪くなることはありません。もし、子どもの学力が足りていないことを自覚しているのであれば、親は必ず別の手段を考えるでしょう。例えば、私立医学部の高い学費が無理なご家庭であれば、最初の段階で「うちは私立医学部に行かせるお金はないので、ダメなら他の学部を考えています」とはっきり言われます。

「なるほど、お父さまは医師で国公立医学部のご出身ですね! そして、私立なんか受けさせるな、国公立しかダメだと言ってますね!」本当はお母さまに面と向かってそう言いたいところです。

なぜ国公立大学にこだわるの？

親は子どもの学力をよく把握し、客観的なデータを踏まえたうえで子どもの意思も尊重して受験校を決めよう。親のプライドや私立医学部への偏見は捨てるべき

これは受験生本人と話をしていても同じです。

「うちはお父さんが……私立医学部にはあまり行ってほしくないって」

「ああ、お父さまはもしかして国公立のご出身?」

「そうです」

私が医学部受験の業界に入った時からずっと、こういったお父さまはいらっしゃいます。

今の受験生の親世代が生まれた頃は、私立の新設医大※が全国のあちこちに設立された頃と重なっています。昭和47年前後のことです。当時の感覚では、学費の高い新設の私立医学部に行こうと考えるのは、ごく限られた人達でした。そのため、入試難易度もそれほど高くなく、今では考えられませんが、偏差値40台の私立医学部もざらにありました。また、旧設の私立医学部でも、同窓生の子弟を入試で優遇することはごく一般的に行われていました。

当時を知っている親世代から見れば、誰でも行くことができて学費の高い私立医学部に行くなど「バカバカしい」という感覚になるのも無理はありません。

医師として働いているお父さまの中には「国公立出身の先生はやっぱり優秀だ」「◎◎大学出身の先生は使いものにならない」と平気でおっしゃる方もいます。

そういった父親を持った受験生が私立医学部の受験を許されず、国公立専願で浪人を重ね、3浪目でようやく私立医学部を受けさせてもらえるようになった——というのは未だによくある話です。

Note

※**新設医大**：私立医学部は大きく旧設と新設に分けられ、旧設とは戦前の旧制医学専門学校が大学に昇格したものを言います。慶應義塾大学医学部や東京慈恵会医科大学、日本医科大学がその代表です。その後、政府の一県一医大構想により、各都道府県に医大が設立され、その際に設立された大学が新設と呼ばれます。

合格の秘訣 2

02

受験は「家族力」もカギ

医学部受験において、ご家族のサポートは必要不可欠です。

今の子どもは家族や周囲の人達からサポートを受けることで、自分の能力を最大限に発揮することができます。逆に言えば、周囲に反対されながらも自分を貫くといった強さは、あまり持っていないとも言えるでしょう。そのため、**家族がどのようにサポートしていくかは、受験の成否に関わる重要な事柄です。**

今の親子関係は「友達親子」が主流なので、精神的にサポートするという意味では、充分すぎるぐらいと言っていいでしょう。しかし、友達親子の弊害もありえます。

子どもが動揺した時は、親が防波堤になることができますが、親が動揺してしまうと、子どもも一緒に動揺してしまうのです。

親も人間なので、完全に感情をコントロールするのは不可能です。しかし、子どもが合格に近づくために、自分が何をするべきかについては、いつも意識してほし

親は出しゃばらずに「陰で支える」

親は子どもにプレッシャーをかけないように楽しい会話を心がけ、あえて勉強や受験のことに口をはさまない。明るい声がけや、食事・睡眠など健康管理に気を配ろう

いと思います。

そこで、親としてはよくやりがちだけれど、実はやってはいけないことを紹介します。

【受験生の親がやってはいけないこと】

①「早く○○しなさい」と行動をせかす
②勉強法に口を出す
③自分が受験生だった時の話をする
④模試の成績に一喜一憂する
⑤試験が終わった子どもに「どうだった?」と聞く

どうでしょう? 家族であれば当たり前にしてしまいそうなことばかりです。

しかし、これらはどれも受験に良い影響を及ぼしません。それはなぜかということは、この章の質問箱でお答えします(109P〜参照)。

合格の秘訣2

03

「何もしない」「黙って見守る」という選択

私が多くの保護者とお会いしてきて一番大切だと思うことは、お子さまへの働きかけに、どうか「何もしない」という選択肢を加えてくださいということです。

長い受験を戦う中で「見守る」時期というのは絶対に必要です。しかし、ご家族として受験生本人を応援していると「何もしない」ことに罪悪感を覚えるのか、何かにつけて子どもに干渉しようとすることも珍しくありません。

特に思うように成績が上がらない時こそ、親（特に母親）は何かしなければと焦り、それが結果的に過干渉になってしまうケースをたくさん見てきました。子どもに干渉するよりも、自分の仕事や家事、ＰＴＡ活動や趣味などに一所懸命に取り組んでいる姿を子どもに示すことのほうが大切なのです。

保護者とお話していると、よく「恥ずかしながら過保護に育ててしまって」と言われることがあります。

そのたびに「今の時代は過保護でない子のほうが珍しいです」とお答えすること

にしています。

問題は過保護なことではありません。過干渉であることが問題なのです。なぜなら、親が過干渉になっている時というのは、親自身が不安な時だからです。必要以上に子どもの世話を焼いたり、口出ししたりすることで、子どもにもその不安は伝染します。

参考として、見事に医学部に合格した受験生の保護者の方々が心がけていたことの談話を紹介します。

Oさんの場合

「息子には成績のことは聞かないようにしていました。振り返ると、現役と1浪の時は私のほうがやきもきしていたんです。息子はそんな私の胸の内を察していたと思います。心配している空気というのは伝わりますからね」

Iさんの場合

「家では受験や勉強のことはいっさい聞かず、とにかく息子がモチベーションを保てるよう、楽しいことだけを話すようにしていました。学校から帰って来たら、「お疲れさま」と迎えて、また明るく「いってらっしゃい」と送り出す、そう心がけていました。模試などの結果を見て心配になることもありましたが、そこは何も言わず、できたところだけを褒《ほ》めるという風にしていました」

見守るだけに罪悪感を覚えるようなら、「観察する」という選択肢をぜひ付け加えてほしいと思います。そして、受験がすべて終わってから「あの時、何も言わなかったけど、実は見ていたのよ」と子どもに言ってあげてください。きっととても喜ぶと思います。

合格の秘訣 2

04

1人《ひとり》で見学に来た子は合格する？

最近は予備校の見学も親と子が連れだって来ることがほとんどです。子どもに合った学習環境を親も一緒に選ぼうとして真剣なのが伝わってきます。

しかし、受験生や保護者と面談していると、時折とても気になるケースに遭遇します。親ばかりが話をして、肝心の子どもがほとんど何もしゃべらないことがあるのです。

親子で予備校の見学にお見えになった場合、基本的に私はお子さんに話しかけることにしています。受験するのはお子さんなので、本人に向かって話をするのは当然と言えば当然です。

しかし、お子さんに質問しているのに、親が代わりに話し始めてしまうケースがよくあります。大変よくあると言ってもいいかもしれません。そういう場合、何度お子さんに話しかけても、すぐに親が質問を引き取ってしまい、なかなか本人の声が聞けないことが多いのです。

これは、医学部説明会やオープンキャンパスの個別相談会においても同様のことが言えるでしょう。

そういうご家庭の子どもはどこかうつろで、無気力そうな表情をしていることが多く、なんとなく覇気《はき》に欠ける印象です。

第1章の「やる気スイッチ」の項でも述べましたが、**周囲の大人が先回りしすぎることは子どもの気力を奪うことにつながります。**

医学部合格のためには、言われたことをやっているだけでは必ず伸び悩みます。わからなかったことがわかるようになる喜びを知り、自分で勉強法を試行錯誤しながら工夫し、先生方とコミュニケーションを取りながら、少しずつ学力を身につけていく自走力（自立心）が必要だからです。

逆に言えば、予備校の面談や個別相談会などに受験生本人が1人で来た場合は、かなり見込みがあると言ってもいいでしょう。少なくとも私は「この子はちょっと違うな」という目で見ます。

1人で見学に来た子にも必ず親の意向を聞きますが「親は自分にまかせると言ってくれています」という返事が返ってきます。親が子どもを信頼している様子が伝わってきます。「医学部に行くかどうかは、自分の将来につながることなのだから自分で決めろ」、そんな親の愛ある叱咤激励の声が聞こえてくるようです。

最近は親に何でも相談する友達親子が増えました。それ自体は喜ばしいことですが、親とのコミュニケーションの時間が多い生徒は自立心がなかなか育たず、ストレス耐性に弱い傾向があります。

受験において想定外のことは必ず起こります。その時、子どもはたった1人で、試験会場で戦わなければなりません。**子どもに1人で戦う「胆力」をつけさせるように、ぜひ親も気を配ってあげてほしい**と思います。

そうして成長した暁には、きっと「合格」の2文字が見えてくるでしょう。

合格の秘訣2

Q&A

受験生の親が心がけるべきことの質問箱

親がやっては
いけないことや
サポートの仕方など
受験生への
関わり方について
アドバイスします

20

Q 受験生の親がしてはいけないこと①
なぜ「勉強しなさい」と言ってはいけないのですか？

A 強制されると反発心が起きるからです。

まだ小さかった頃ならいざ知らず、中学生ぐらいになると子どもにも自我が芽生え始め、強制されることにストレスを感じるようになります。そのため「早く◎◎しなさい」と親が強制すると、そのことにストレスを感じて反発し、かえって逆効果になります。

そもそも親から「勉強しなさい」と言われてやるようであれば、とっくにやっているでしょう。子どもがいつまでもやらないのは、もともとやりたくないことである可能性が高く、それを上から強制すれば反発心が生まれて当然です。

怒ったり指示するのは ×

親が子どもに「勉強しなさい！」とガミガミ指図すると、子どもはストレスを感じて反発してしまうので、逆効果。言いたくなるのを我慢してやさしく見守ろう

でも親であれば、なかなか勉強に取りかからないわが子に対して、つい「勉強しなさい」と言いたくなりますよね。そこをグッと我慢して黙って見守るようにしてください。

ちなみに、保護者からの相談事のかなり上位に「ゲームをやめさせたい」というのが来ます。世の中には親がゲームを強制することによってゲームをやめさせた事例もあります。子どもがゲームをしないでいると「サボらずにちゃんとゲームをしなさい」と注意したそうです。そうまで言われると、逆にゲームをする気がなくなるというわけです。すごい親ですね（笑）。

21

Q 受験生の親がしてはいけないこと②
なぜ勉強法に口を出してはいけないのでしょう？

A 禁忌《きんき》中の禁忌、先生方と情報を共有しよう。

勉強法に口を出すことは受験生の親がやってはいけないことの中でも、禁忌中の禁忌と言っていいでしょう。

医学部に合格したことのない親が口を出せば、必ず「お父さん／お母さんにはわからない」という拒絶の答えが返ってくるでしょう。親が医学部に合格していればいいかと言うと「お父さん／お母さんの時代とは違う」という拒否反応が返ってきます。

どちらにしても、勉強が上手くいっていない時に、親からアドバイスされて素直に聞く子どもというのはかなり珍しい存在です。

わが子のサポーターを増やそう

子どもの学習状況やメンタル面などを観察して、気になることがあれば塾・予備校の先生や教務スタッフに何でも相談しよう。これらの人たちにサポーターになってもらい連絡を密にとることで、親の精神状態も落ち着く

では、どうすればいいのか？

私も経験していますが、予備校の教務スタッフが親の聞き役になるケースが一定数あります。親が校舎長や教務スタッフに電話して心配事や不安を聞いてもらう。それによって、子どもの前では受験や勉強のことはいっさい聞かずに、楽しいことだけを話して子どものモチベーションを保つことができます。これはコーチングの一種であり、最強の受験戦略となります。特に地方から出てきている生徒には、この戦略がハマります。

要は、塾・予備校の先生やスタッフと信頼関係を築いて味方につけ、強力なサポーターになってもらうことです。周りにそういう人がいない場合は、コーチングだけプロに頼むのも良いでしょう。

子どもは、親が心配していたり、不安だったりすることを感じ取ります。親が不安になった時に相談できる相手を身近に作るというのも、実は医学部受験において大切なことの1つです。

22

Q 受験生の親がしてはいけないこと③
自分が受験生だったときの話をしてはいけないのはなぜ？

A 年寄りの自慢話ほどダルいものはない！

いきなり過激な表現ですみません。

でも、職場の上司の「俺達の頃はさ〜」という自慢話ほどダルいものはありません。親は上司とは比べものにならないぐらい距離の近い存在ですが、それゆえに上司の話のように軽く聞き流すことができません。

上司の自慢話をダルいと感じる決定的理由は、それが美化された過去の記憶だからでしょう。その時代ごと美化された、おそらくは実際にあったこととは異なる話を聞かされても、参考になるどころか時間の無駄と言えるでしょう。

受験の話もそうです。20年か30年以上前のことをそんなに細かく覚えていたら、それこそちょっと変わった人ではないでしょうか。本人も気づかない、何らかの思い出補正が入っていると考えたほうがいいでしょう。自分の受験時代を懐かしんだり、自慢したりするのは禁物です。

もちろん、子どもからアドバイスを求められた時は、こころよく自分の知識や経験を提供するべきですが、聞かれてもいないのに親が昔の話をするのは、なるべく避けましょう。

23

Q 受験生の親がしてはいけないこと④
模試の成績に一喜一憂してはダメなのですか？

A 医学部受験とは異なる模試では何の保証にもならない。判定結果よりも分析が大切

模試の成績に一喜一憂する親の気持ちも、もちろんわかります。なにしろ、受験は合格するまで不安が続きます。いくら塾・予備校の講師に「大丈夫ですよ」と言われても、過去問演習で合格最低点を超えていても、合格するまではわかりません。そんな中で、模試の成績は数少ない目に見える指標です。それを見て、いろいろと言いたくなる親の気持ちもわかります。

しかし、数々の医学部受験生と関わってきた私は、ほとんど模

試の成績を気にしていません。

もちろん、設問ごとの正答率、どの問題を間違えたか、平均点と比べた得点、科目ごとの偏差値など模試の結果を分析することはありますが、A、B、C、D、E…で表される「合格可能性判定」は全く見ていません。

なぜ、見ていないのか？ **ほぼ当てにならないからです。母集団も出される問題も医学部受験とは全く異なる模試において、上位何％に入ったところで何の保証にもなりません。**

合格可能性判定を見て、自分を奮《ふる》い立たせたり、自信を持ったりすることは悪くないと考えますが、それを信じるかどうかはまた別問題です。

これまでE判定でも合格した生徒達を山ほど見てきました。それとは逆に、A判定を取っていても不合格だった人達も山ほど見てきました。

大切なことは入試に対応できるような実践的な学力をつけること。模試の成績はその一つの指標にすぎません。

模試の成績に過剰反応は禁物

全国模試は医学部受験と出題内容が異なる。模試で高得点が取れれば、それは良いことだが、油断してしまうこともあるので要注意。親は模試の結果に過剰反応しない

24

Q 受験生の親がしてはいけないこと⑤
試験が終わった子どもに「どうだった？」と聞いてはいけないのはなぜ？

A 子どもに答えを用意させる質問は×。

ご自分が子どもの頃を思い出してみてください。何かやらかした時や自分に都合の悪いことがあった場合、家に帰って親にどう説明しようか考えませんでしたか？同じように試験が終わった後、親が「どうだった？」と聞くことを想定して、子どもは帰り道で何と答えようかシミュレーションしています。

相手が予備校の先生であっても同じことです。

先生に会ったら、きっとこう言われるだろうな、どうやって説明しようと生徒は考えています。

私から見ると、そんなことを考える暇があったら、試験の内容のことを考えてほしいと思います。今日の試験の反省。今やらなければいけないこと。次に向けての注意点…などなど。

親はともかく、少なくとも予備校の先生である私に何を言おうかと考える必要は全くありませんし、生徒にもそう伝えています。

そもそも親は、試験結果にこだわらず、努力を評価するべきです。結果ばかりを気にして「どうだった?」と聞く以前に、子どもが常日頃勉強に取り組んでいる姿を評価し、褒めてあげましょう。

25

Q スマホの扱い方はどうすればいいですか？

A 子どもと親が話し合って決めることが大事です。

スマホと受験勉強の問題。今の受験生が抱えている大きな問題の1つです。

今やスマホなしで生活することは考えられないほど日常に浸透しているからこそ、受験生には「スマホとの上手なつき合い」が求められています。

残念ながら「スマホとのつき合い」に正解はありません。入試期間中も変わらずゲームをやっていたり、デジタルコミックを読みふけっていたりする生徒が志望校に合格する一方で、勉強中はスマホを触《さわ》らないようにしていたにも関わらず不合格になった生徒もいます。

大切なことは受験生本人と親との間で話し合って、きちんと取り決めをすること。 そして決めたことは必ず守るようにすることです。

家庭内で取り決めをしよう

スマホでラインやゲームなどに熱中すると、勉強の妨げになる。また、就寝前にスマホを見すぎると、睡眠の質が低下して夜型の生活に陥りやすい

生徒とスマホとの関係では、勉強中に触ってしまうことよりも、寝る前にスマホを見ていて睡眠時間の質が低下することの方が問題だと思っています。スマホのブルーライトは目に強い刺激があり、体内時計に影響を及ぼすことがわかっています。昼夜逆転、夜型の生活に陥《おちい》りやすくなります。

夜はダイニングで充電するなど、自分の部屋にスマホを持ち込まないのも一つの方法でしょう。

26

Q 親は高校の先生と何を話せばいいのでしょうか？

A 医学部への進学希望を早めに伝える。

高校によって進路指導の方法は全く異なります。ほとんど受験指導をせず放任主義の高校もあれば、学校推薦型選抜・総合型選抜からしっかり受験指導をして送り出す高校、地元の国公立大学主義の高校など、本当にさまざまです。

総じて、医学部受験に関する情報を豊富に持っている高校はそれほど多くないというのが、全国の高校の進路指導担当の先生と話をしている私の実感です。

よって、まず**親は担任や進路指導の先生と話をして、医学部受験にどのぐらい詳しいか、また先輩たちがどのぐらい医学部に進学しているか見極めてください**。医学部に行った先輩と話をする機会を設けてもらえるならばぜひお願いしてみましょう。医学部への進学希望を早い段階から担任や進路指導の先生に伝えておけば、情

担任や進路指導の先生には早めに相談

高校によって進路指導の力の入れ方には温度差があるが、医学部志望の意思が固まったら、高校の担任や進路指導の先生にはなるべく早く伝えること

報収集に努めてもらえるケースもあるでしょう。

また、高校というのは「前例主義」のところがあり、特に推薦や総合型選抜は、過去に合格した生徒がいる大学を勧める傾向があります。指定校推薦を受けたいと希望した生徒が「最後に受けた生徒が10年前に不合格だったから受けても受からないよ」と言われたケースもあります。もちろん、指定校が大学から来ている以上、そんなことはあり得ないわけですが、過去に合格実績がなく、持っている情報が少ないと不安に思う先生もいらっしゃるようです。

高校の先生が医学部受験に関して戸惑われることが多いのは、次の3つです。

【医学部受験で高校の先生が戸惑うこと】

◎推薦には専願と併願があり、併願であれば複数受験できる。

◎私立医学部のみ受験する場合、共通テストを受けない戦略もある。

◎私立医学部は、10校以上受験することも珍しくない。

一般大学の受験と比べると高校の先生としては違和感があるかもしれませんが、医学部受験の戦略としてはこれらはおおいにアリなのです。

27

Q 塾や予備校を利用する時に注意することは?

A 友人関係で選ばず一度決めたら通い続ける。

まず、絶対にやってはいけないことを2つ言っておきます。

【塾・予備校選びでやってはいけないこと】
◎仲の良い友達と同じ塾・予備校に行く
◎塾・予備校をころころ変える

仲の良い友達が自分と同じぐらいの学力とは限りません。また、「同じ高校の友達の多くが行っている予備校が難しすぎて……」と言う生徒もいます。自分の学力に合った教材、合ったクラスで学ばなければ意味がないのに、人間関係を優先させてしまったのがこのケースです。

塾や予備校を利用する時のポイント

自分に適した塾・予備校を選んでとにかく通い
続けることが大切

学力が同等でないのに仲の良い友達と同じ
塾・予備校に行くと失敗するパターンが多い

また、塾・予備校をころころ変える、いわゆる「予備校ショッピング」を繰り返す子どもや親もいます。この場合は、まだ塾・予備校を利用する段階に至っていないと言っていいかもしれません。まずは家庭教師などで勉強の進捗状況を見てもらいながら、継続する力を身につけることから始めてください。

最近は塾・予備校をかけ持ちしている人も多いですが、その場合は全体を統括する総合コーチのような存在が必要です。全科目の勉強がどのぐらい進んでいるかをチェックし、どの科目にどのぐらいの時間を配分し、どう受験校を選ぶかといった戦略を考える人が必要です。もちろん、受験生本人が戦略を考えるのが一番いいのですが、そこまでできる子はまず間違いなく受かります。親が総合コーチの役割を担う場合もありますが、そこに至るまでにはかなりの時間を入試研究に費やさなければなりません。最近はコーチングサービスを行っている予備校もあるので、プロにお願いするのも1つの手だと思います。個人的には受験生の親のためのコーチングがあってもいいと考えています。

28

Q インターネットの情報はどのぐらい信用できますか？

A 玉石混交《ぎょくせきこんこう》、一次情報以外は信用できません。

情報を手に入れるために今や欠かせないインターネット。私もブログやX、Instagram、YouTubeなどで受験情報を発信しています。

情報を発信する際に私が必ず気をつけていることがあります。それは情報の出所を必ず明らかにすることです。

受験に関する一次情報は大学や文部科学省が発信するものになります。私が発信する情報は、その一次情報を加工した二次情報になります。一次情報でない以上、そこに誤りや事実の切り取り、歪曲《わいきょく》が紛《まぎ》れ込む可能性がないとは言えません。

よって、情報を発信する際はどこから得た情報なのかを明らかにするようにしています。大学から発信された情報なのか、生徒が出した結果なのか。自分自身の個人的な推測や見解であれば、必ずそう明記するようにしています。

しかし、インターネット上の情報はよく言われるように玉石混交です。特に最近は「炎上商法」といって、わざとセンセーショナルな内容で煽《あお》って、インプレッションや視聴回数を稼ごうとする手法が一般的になってきています。

また、合格者が発信している情報もあります。確かに、その人が合格したことは事実でしょう。しかし「n＝1」※であるケースを必要以上に一般化しているケースも見受けられます。

このように、インターネット上の情報は、注意が必要です。

Note

※n＝1：統計学において、nは母集団から得たサンプル（標本）のサイズを表し、それが1ということで、「自分の主観や体験のみに基づいた一般性に欠ける情報」を指す。

29

Q 教材はどのように選べばいいですか？

A 唯一の正解は、自分に合ったものを繰り返しやること。

長く医学部受験の業界にいると、これをやるとほぼ必ず落ちるという法則が見えてきます。

【これをやるとほぼ落ちるという法則】
①教材を次から次へと購入する
②やたらと過去問をやりたがる
③難しすぎる問題をやりたがる

これをやるとほぼ落ちる法則の1つ目は、教材を次から次へとたくさん購入することです。本棚は買った参考書や問題集でいっぱい、しかし1つも身についていないというのはよく見るパターンです。

なぜそうなるのかというと、勉強が上手くいかなくなるとその原因を教材のせいにして、新しい教材をやることで現状を変えようとするからです。しかし、教材を変えても勉強法を変えない限りは上手《うま》くいきません。よって、次から次へと巷《ちまた》で良いと言われている参考書を求めて新しいものを買うことになります。受験生本人ばかりでなく、親が教材を買って受験生に押しつけるケースもありますが、これなど最悪です。

合格した人は必ずと言っていいほど、同じ教材を繰り返しやっています。繰り返すことで、その教材を自分のものとして身につけ、入試問題を解く時の武器とすることが合格への最短ルートです。

教材への対処が合否を左右する

たくさんの教材を買い求めても意味がない。合格した人は、同じ教材を繰り返しやっている。教材を1冊決めて、まずは基本事項の習得に努めよう

他には、学力が伴っていないにも関わらず、やたらと過去問をやりたがるのも「不合格の法則」に当てはまります。

基本的に過去問をやっても学力が伸びることはありません。過去問はこれまでやってきた勉強を点数に変える方法であり、決まった形式と時間の中で演習する材料です。

ところが入試が近づいてくると、過去問をいつからやればいいかと焦って聞いてくる受験生や保護者がいます。時には保護者から「このままで間に合うのか。過去問を早く始めてほしい」と要望されることもあります。まずは、「すべての基本事項を学習してから過去問に入ります」と説明しても「過去問で出題される範囲を集中的にやってほしい」とリクエストされたりします。こういう場合、おそらく保護者の中には「受験＝暗記」のイメージが根強くあるのだと思われます。しかし、暗記で合格するほど医学部受験は甘くありません。たとえ頻出範囲があるとしても、その分野から出る問題のバリエーションに暗記では対応できません。

また、難しすぎる問題をやりたがるのも「不合格の法則」の1つです。

合格した生徒は100人中100人が「受験は基本が大切」と口をそろえて言います。「どんなに難しい問題も基本事項の組み合わせ」と言い切ります。

逆に言えば、それが見えているからこそ、入試問題が解けるわけです。

30

Q 勉強における友人関係で気をつけることは？

A 類は友を呼ぶ、これに尽きます。

受験時の友人というのは、ちょっと特殊な関係だと思います。志望校合格という目標に向けて努力する中で、似た者同士が集まるからです。

受験の期間は気が合うとか、趣味が似ているとかよりも、1日の時間の多くを占める勉強について話が合うかどうかが重要なのです。

合格しそうな生徒同士が一緒にいるところを見ていると、オンとオフの使い分けが上手いなと思います。

おしゃべりする時は思いっきり受験と関係のない話をして、でも勉強する時は

受験時の良き友だちとは？

似た者同士のズルズルした関係でなく、互いに医学部受験という目標を共有しながら、休憩と勉強する時の切り替えをパッと行うことができれば、よい友人関係が築ける

パッと切り替えてそれぞれの勉強に集中する。その切り替えが上手いのが、合格する生徒たちの特徴です。

これは医学部に入学してからも実は似たようなところがあり、成績不良だったり留年を繰り返す学生達は、一緒になってつるむ傾向があります。1学年100人以上いるので、気が合う者同士で一緒にいることが多いのですが、やはり「類は友を呼ぶ」傾向があるようです。

その3 合格の秘訣

CHAPTER 3

受験は情報戦！
各大学の
選抜傾向を知る

合格の秘訣3

01

医学部受験のトレンドとは？
私立医学部は特殊性が高い

最近の医学部受験のトレンドは大きく3つに分けられます。
①学校推薦型選抜・総合型選抜の拡大
②一部の難関校を除けば問題そのものは易化傾向
③入試の多様化による選抜方法の複雑化

①の学校推薦型選抜・総合型選抜に関しては、国公立医学部で実施していないのは千葉大学と九州大学の2校のみ。
私立医学部で実施していないのは自治医科大学と東京慈恵会医科大学、日本医科大学の3校のみです。

どの医学部も学校推薦型選抜・総合型選抜の定員は増加傾向にあり、一般選抜の定員は減りつつあります。そこに地域枠が入ってくると、純粋な一般選抜の定員はさらに減ります。

②の問題の易化傾向は、センター試験から大学入学共通テストに変わったあたり

から、顕著な傾向として表れてきています。問題文の量が長くなり、長い文章の中から必要な情報を抜き出して考えさせる問題が増えました。公式を証明させる問題が出たり、教科書レベルの内容を改めて問われたり。その代わり、「知っていれば解ける」というマニアックな知識を要求される難問は減る傾向にあります。

③の入試の多様化は、①とも関連しています。文部科学省が各大学に対して入試制度の多様化を推奨しており、それに伴って選抜方法がさらに複雑化しています。以前は一般入試のみで選抜を行い、せいぜい推薦入試との二本立てだった医学部受験が、今では**総合型選抜や学校推薦型選抜、一般方式に共通テスト利用、そして地域枠と、複数のルートがある**のが普通になりました。

「医学部受験は情報戦」とは昔から言われていますが、医学部受験の傾向を知り情報を整理して、自分に必要なものを見極めることが大切です。

2024 年度の医学部入試データ分析

1）国公立大学医学部医学科

国公立大学医学部　一般選抜志願状況　(人)

	2023 年度			2024 年度		
	前期	後期	計	前期	後期	計
募集人数	3,584	351	3,935	3,576	351	3,927
志願者数	15,960	7,550	23,510	16,222	7,063	23,285
志願倍率	4.45 倍	21.51 倍	5.97 倍	4.54 倍	20.12 倍	5.93 倍

志願者数は前期微増、後期減少

学校推薦型選抜・総合型選抜の多くは地域枠

ほとんどが共通テスト利用。共通テストを課さないのは、東北大学 AO 入試や筑波大学の推薦、福島県立医科大学の総合型など、数えるほどしかない

2）私立大学医学部医学科

私立大学医学部医学科　一般選抜志願者数の推移

区分	2022 年度	2023 年度	2024 年度
志願者数（人）	90,260	94,634	105,426

志願者数は、4 年ぶりに 10 万人台回復

一般前期の志願増加率が高かった大学ベスト 3

①愛知医科大学　58.9 ％増
②獨協医科大学　40.7 ％増
③聖マリアンナ医科大学　36.4 ％増

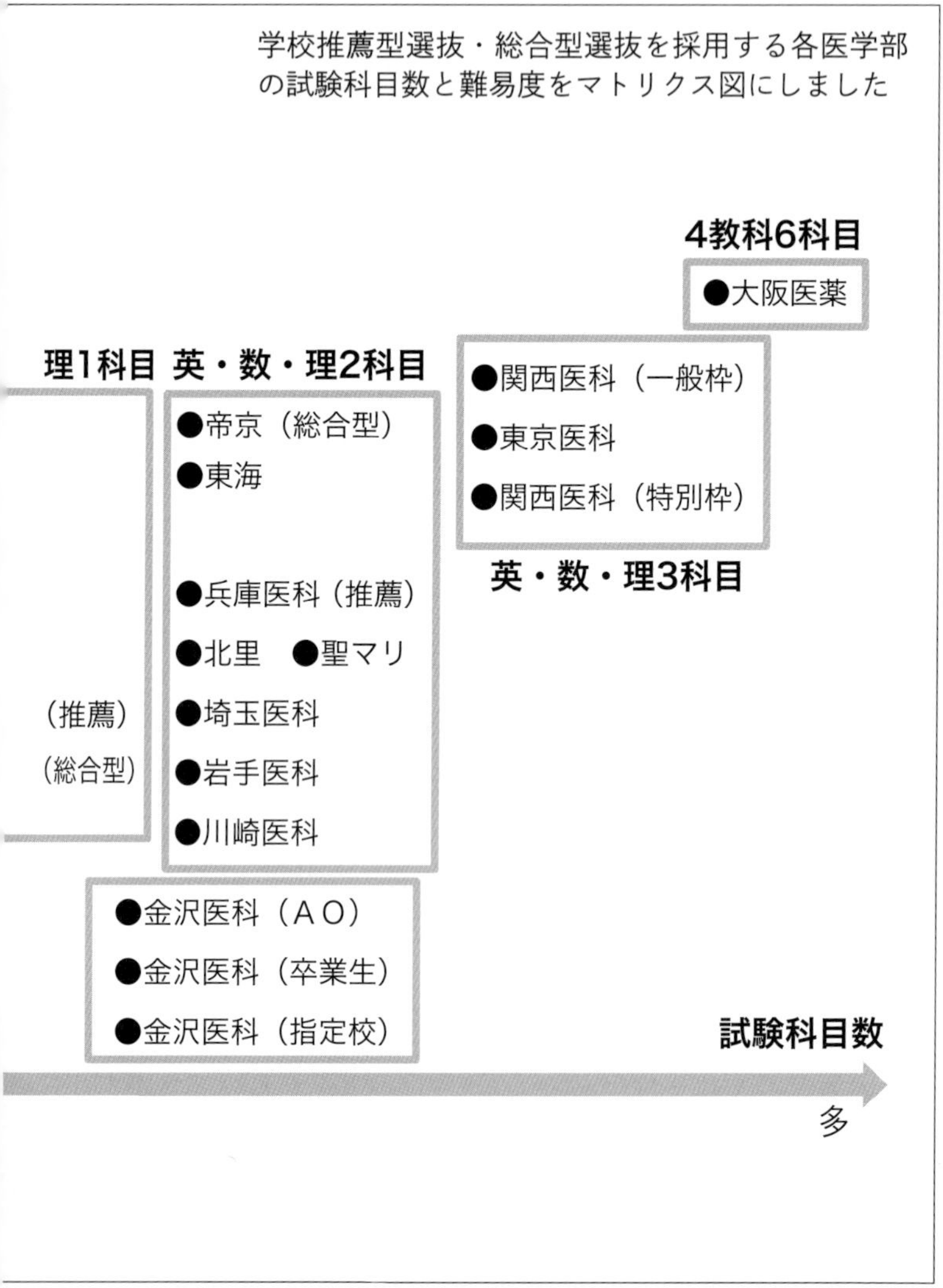
学校推薦型選抜・総合型選抜を採用する各医学部
の試験科目数と難易度をマトリクス図にしました
4教科6科目
●大阪医薬
理1科目
英・数・理2科目
●関西医科（一般枠）
●東京医科
●関西医科（特別枠）
●帝京（総合型）
●東海
英・数・理3科目
●兵庫医科（推薦）
●北里　●聖マリ
（推薦）
●埼玉医科
（総合型）
●岩手医科
●川崎医科
●金沢医科（ＡＯ）
●金沢医科（卒業生）
●金沢医科（指定校）
試験科目数
多

私立大学医学部
学校推薦型選抜・総合型選抜の早見表

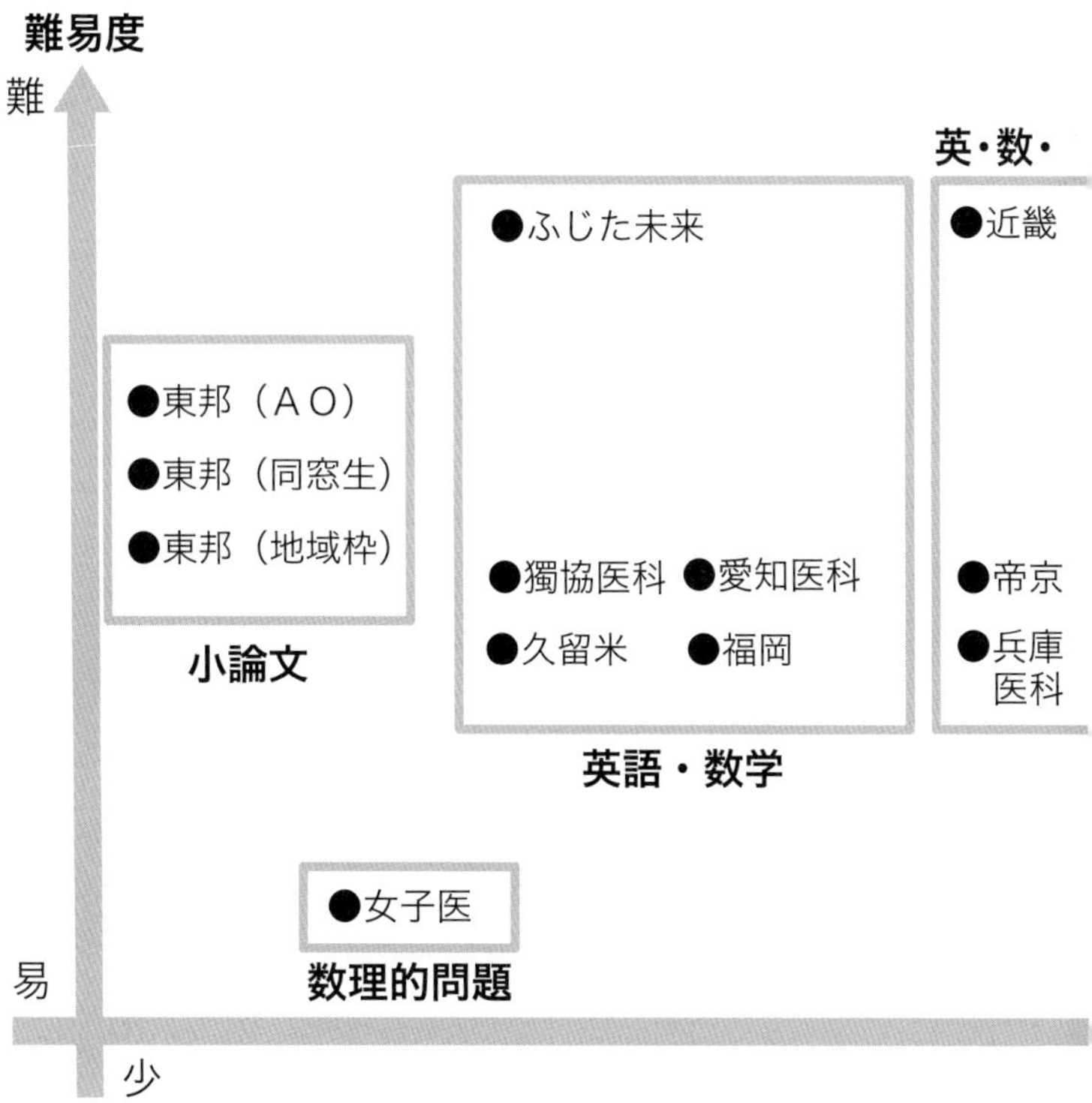

合格の秘訣3

02

自分に適した受験プランでなければ勝算はない！

私はこれまでに何千人という医学部受験生とその保護者の進路相談にのってきました。

何千という例を経験してきましたが、受験校によって合否が変わることはありますし、進学先が変わることももちろんあります。

とにかく、その受験生が持っている能力を試験会場で最大限に引き出し、本人が最も納得できる大学に進学するのをサポートすることが私の仕事です。

簡単に言うと「その人に合った受験プランを勧める」ということになります。

推薦は受けるのか？　受けないのか？
共通テストは受けるのか？　国公立は受けるのか？
私立はどこを受けるのか？
何日連続までなら受験できるのか？
一次試験と二次試験が重なったらどうするのか？

これらの要素を1つひとつ検討して、その受験生に合ったプランを作成します。

国公立医学部を第一志望とする受験生であれば、私立医学部はせいぜい2〜3校。
私立医学部専願で学力に自信があれば5校程度。
私立医学部専願で学力に自信がなければ10校以上。

これらを一次試験と二次試験の日程を考えながらパズルのように組み合わせていきます。私は慣れているので、お話を伺ったうえで、30分ほどで日程も含めた受験プランを提案できますが、これを親がやるとしたらかなり大変な作業でしょう。

毎年、共通テストの翌々日から私立医学部の一次試験（学力試験）が始まります。3週間ぐらいの間に全部で31校の試験がびっしり入りますので、日程が重なっていて受けられない大学も出てきます。

ほとんどの大学でインターネット出願を受け付けていますが、大学によって必要な書類や様式が異なります。多くの医学部予備校では出願をサポートしますが、私立医学部の場合は、「出願代行業」が成り立つと思うくらい複雑です。

合格に向けて受験プランを作成

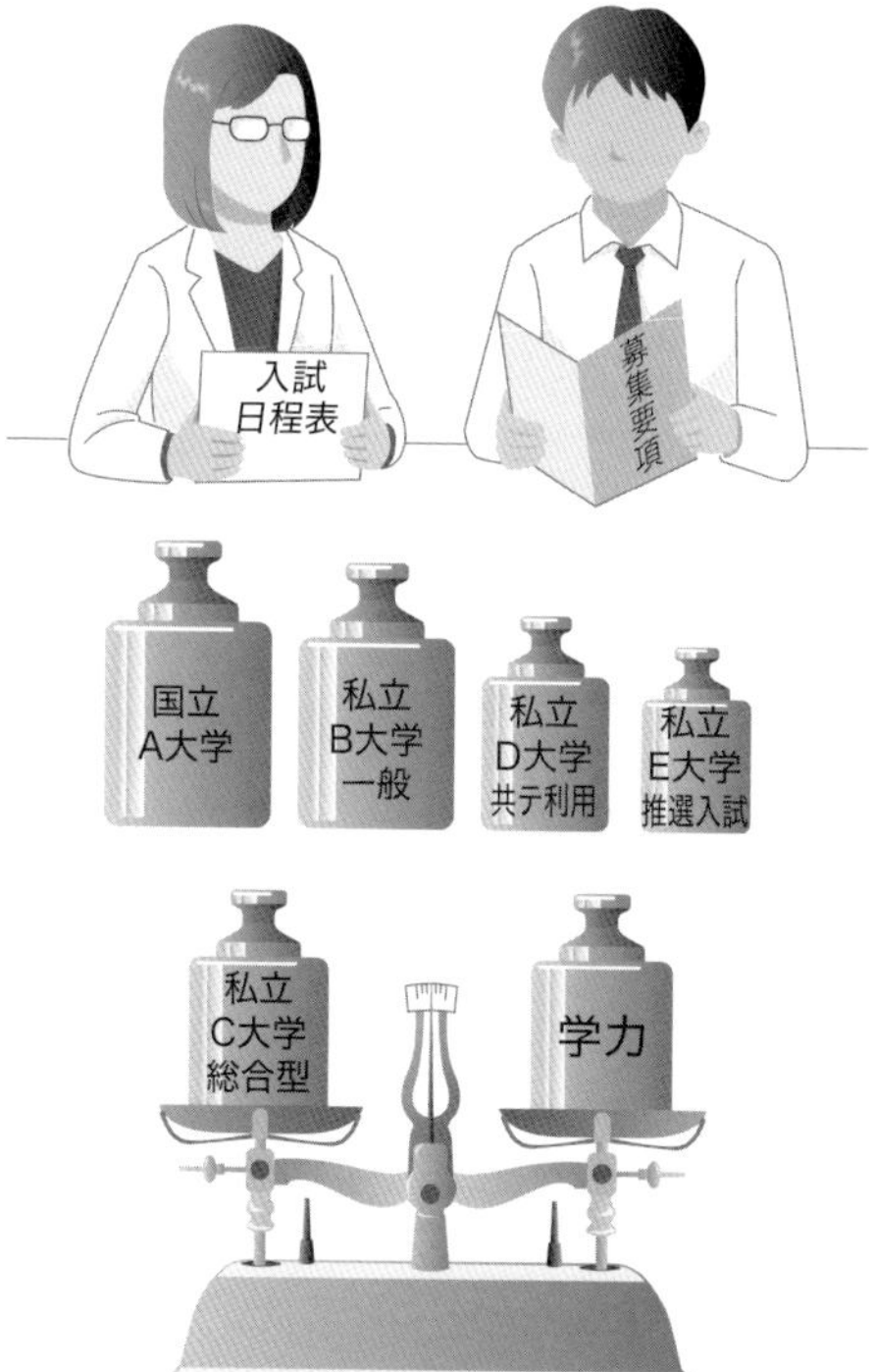

医学部専門予備校は、受験生の学力を把握したうえで私立か国立か、入試の種類や日程などを考慮しながら本人が納得し合格できる大学の受験を提案する

合格の秘訣 3

03

プロの目から見た「受かるかどうか」の基準

受験校を決める際に最も大切なのは「受かるかどうか」です。

私立医学部受験の場合、「全国模試の偏差値はあてにならない」と言われ、模試の成績でA判定が出ていても、一次試験（学力試験）で不合格になることは珍しくありません。

では、何を信じて受験校を決めればいいのでしょうか？

最も良いのは、教えてもらっている塾や予備校の講師に相談することです。毎年、医学部に合格する生徒を見ている講師であれば、どういった学力の子がどういう大学に合格しているかの経験値があるので、ぜひアドバイスを聞くといいでしょう。

ただ、講師は自分が教える科目しか見ていないこともあります。私立医学部の場合、一次試験（学力試験）は多くが3教科4科目であるため注意が必要です。

私が医学部受験生の進路指導をする場合、念頭に置いているのは、次の5つです。

①入試問題の難易度
②受験者の学力層
③科目ごとの配点
④入試日程による受験者層の変動
⑤本学キャンパスの場所

大学の難易度は気にしないのですか？ と聞かれそうですが、入試問題の難易度×受験者の学力層が「その大学の難易度」になります。経験を積んでいくと、受験生によってこの大学の入試問題に太刀打ちできるか否かがわかります。例えば、私立医学部の中で最も難易度の高い慶應義塾大学医学部の学力試験は、しっかりした基礎学力と思考力がないと解けない問題であり、受験者の学力層を考えると、重量級の問題で6割は取れないと勝負になりません。そういうことを頭に入れて受験生の相談にのり、第一志望校を軸にして入試日程を考えていきます。同じような模試の成績であっても、受験生によって全く違う受験校になることは普通にあります。

学力に応じた入試情報の分析が重要

塾や予備校には、さまざまな入試情報を分析し受験生の学力を正確に把握したうえで、どの大学の医学部を受験すれば合格する確率が高いかを判断する経験値がある

合格の秘訣3

Q&A

入試情報の分析や小論文・面接対策に関する質問箱

入試傾向の他、小論文の書き方や面接対策など必勝テクニックをお教えします

31

Q 高大接続改革って何ですか？

A 高校教育・大学選抜試験・大学教育を一体化する取り組みのことです。

最近よく聞く高大接続改革※とは、高校教育と大学教育を密接に連携させることによって、グローバル化やＡＩの発展など新しい時代に対応できる人材を育てようという国の取り組みのことです。

これまでの日本は「大学に入ることがゴール」で、学歴は就活のための「パスポート」でした。そうではなく、これからは「大学で何を学ぶか」を重視しよう。そのための準備を高校教育の段階から始めよう。大学入学者選抜も学力だけでなく多様な能力で選抜しよう。――高大接続改革を簡単にまとめると、こういうことになります。

最近では高大接続改革の波が医学部にも押し寄せていて、具体的には、学校推薦型選抜や総合型選抜の定員増という形で表れています。

2025年度入試で、学校推薦型選抜・総合型選抜を行っていない医学部は、千葉大学、九州大学、東京慈恵会医科大学、自治医科大学、日本医科大学の5つしかありません。他の大学はなんらかの形で、学校推薦型選抜・総合型選抜を行っています。その分、学力試験が重視される一般選抜の定員は減っています。

医学部受験が多様化するのに合わせて、受験生も多様な入学方法があることを意識する必要がありますね。

Note

※**高大接続改革**：高等学校教育・大学入学者選抜・大学教育を一体化する取り組みのこと。「学力の3要素」を育成・評価することが重要とされ、多様な学力や能力を評価することを目指す。取り組みの一環として2021年度から大学入学共通テストが導入され、2022年度より高校の教育課程が改訂された。

学力の３要素と高大接続改革

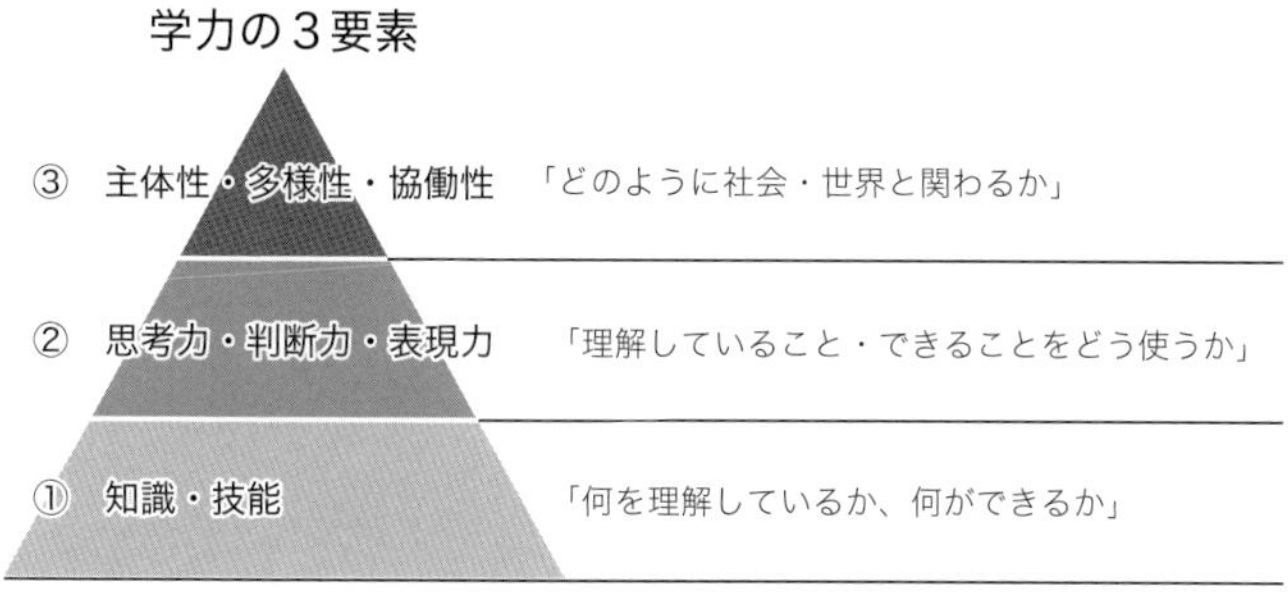
学力の３要素
③ 主体性・多様性・協働性
「どのように社会・世界と関わるか」
② 思考力・判断力・表現力
「理解していること・できることをどう使うか」
① 知識・技能
「何を理解しているか、何ができるか」

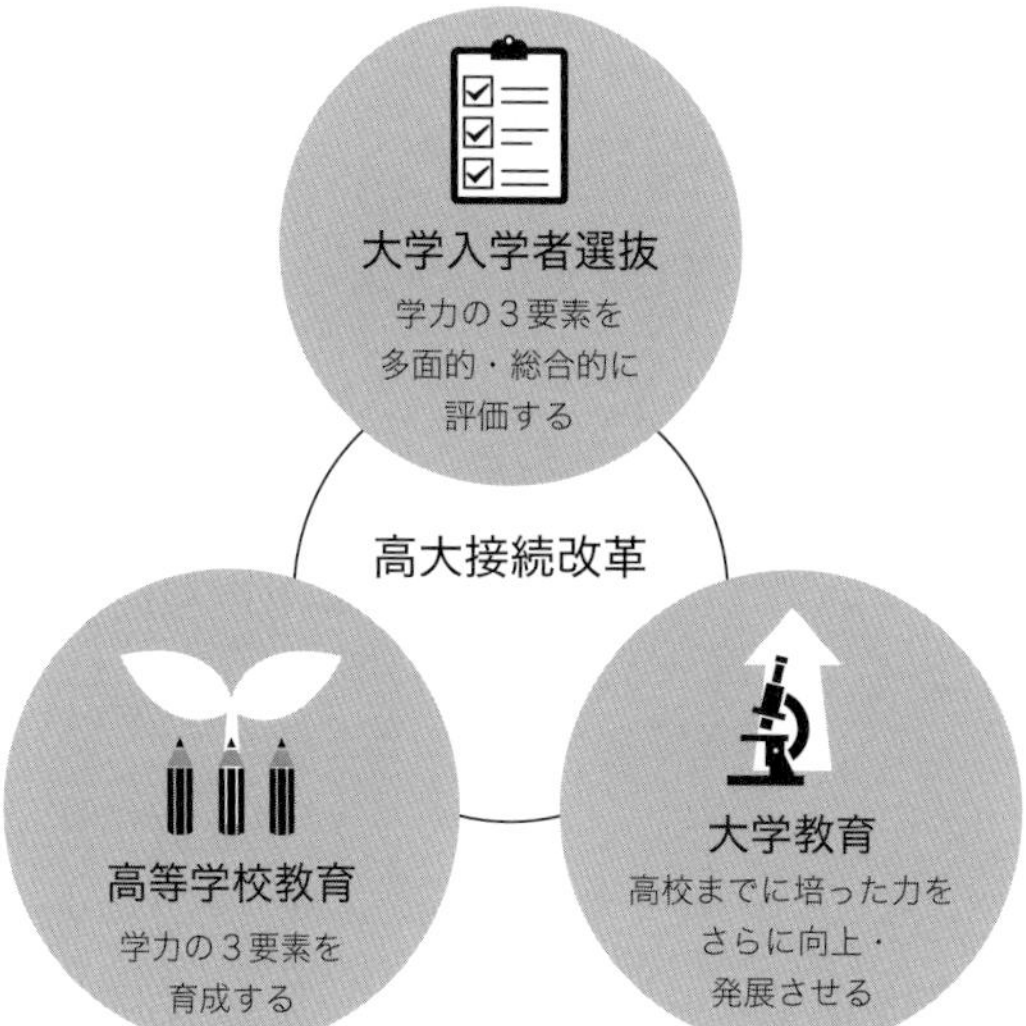
大学入学者選抜
学力の３要素を
多面的・総合的に
評価する
高大接続改革
高等学校教育
学力の３要素を
育成する
大学教育
高校までに培った力を
さらに向上・
発展させる

32

Q 医学部入試の種類と特徴を教えてください。

A 国公立は共通テストが必須、私立は一次＋二次試験の総合で合否を判定。

国公立医学部は、共通テストを受験して、その後に行われる大学独自の二次試験と総合して合否が判定されます。学校推薦型選抜・総合型選抜であっても、共通テストを課している医学部がほとんどです。**国公立医学部を受けるにあたって、共通テストは避けては通れないと言えます。**

私立医学部は、一次試験と呼ばれる学力試験に合格した受験生だけが二次試験を受けることができます。二次試験は面接や小論文が課されることがほとんどで、**一次試験と二次試験の総合で合否が判定されます。**

学校推薦型選抜・総合型選抜は「年内入試」として、10月から11月にかけて行われます。大阪医科薬科大学や東海大学医学部のように共通テスト利用の形で行う総合型選抜もありますが、ほとんどが大学独自の試験を行います。試験科目や出題形式もバラバラです。

医学部受験生はまず国公立を受けるかどうか、それとも私立に絞るかどうかを選択しなければなりません。また、私立に絞るとしても学校推薦型選抜・総合型選抜を受験するか、一般選抜のみを受験するかを考えなければなりません。

私立医学部の学校推薦型選抜・総合型選抜は、以前は評定平均の制限がある大学がほとんどでしたが、最近では評定平均に関わらず受けられる大学も増えてきました。

毎年、猫の目のように入試制度が変わることもあり、常に情報のアンテナを張っておく必要があります。

33

Q 英検は取得しておいたほうが良いですか？

A 余裕があれば高校2年までに英検2級相当を取っておくのがベターです。

医学部は他の学部に比べると、英語資格・検定試験のスコアが入試において有利に働くことは少ない学部です。

それでも近年、ある一定以上のスコアを持っていることで受験できる医学部入試が増えてきました。そのため、余裕があれば高校2年までに英検2級相当のスコアを取っておくと、出願書類の資格欄にも記載できるのでいいでしょう。

受験学年の高校3年になってから無理して取る必要はありませんが、英語が得意な子であれば英検準1級レベルにチャレンジしてもいいと思います。

◎日本医科大学：グローバル特別選抜
英検準1級以上で出願できる。一般前期＋共通テスト利用「国語」で合否が判定される。

◎東邦大学医学部：統一入試
英検2級以上で出願できる。一次試験は全学部共通試験、二次試験は医学部独自の試験。

◎兵庫医科大学：一般B（高大接続型）
英検2級以上で出願できる。一次試験は一般Aと同じ内容の数学・理科1科目・小論文、二次試験は英語と面接が行われる。

◎埼玉医科大学：特別枠推薦入試
英検1級以上で「英語型」に出願できる。同日に行われる学校推薦型選抜と同じ試験内容。

英検の資格は取っておいて損はない

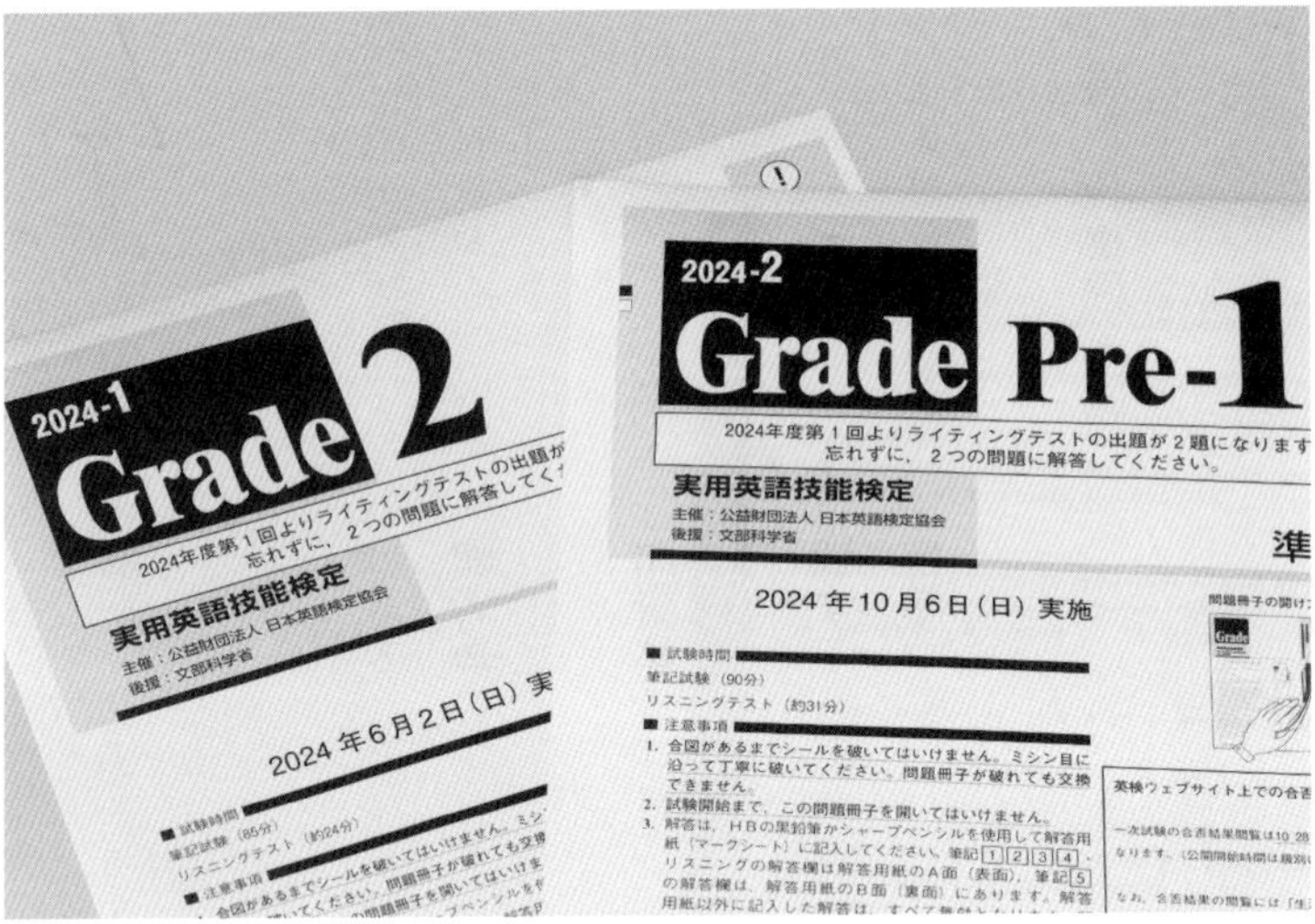

英検２級以上の資格を取得しておくと、出願できる医学部入試が増加。級に応じて加点されるケースもある。英語が得意なら検定にチャレンジする価値あり

◎東京医科大学：英語検定試験利用推薦

英検2級以上を持っていれば出願できる。一般公募推薦も併願できる。

◎関西医科大学：特色選抜

英検準1級以上で「英語型」に出願できる。同日に行われる学校推薦型選抜と同じ試験内容。併願可能であり、近年志願者数は上昇中。

また、**順天堂大学医学部一般B**は英語資格・検定試験のスコアに応じて、最大で25点が加点されます。募集人員の最も多い一般Aと併願することができるため、スコアを持っている受験生には併願で出願することをお勧めしています。**福岡大学の共通テスト利用**も英検2級で20点、英検準一級で40点が加算されます。

34

Q 地域枠はおトク？ それとも損？

A 卒業後の制限はありますが修学資金も支給されます。

地域枠と言うと、卒業後に何年か指定された地域や病院で働く必要があったり、決まった診療科しか選択できなかったりといったネガティブな面が強調されがちですが、地域枠の多くは地方自治体から修学資金が貸与されます。

自治体によって貸与金額は違いますが、例えば静岡県地域枠は6年間で1440万円が県から貸与されます。

静岡県地域枠を設けている昭和大学医学部の場合、学費は6年間で2700万円ですから、静岡県地域枠で入学すれば6年間の自己負担分は1260万円となり、産業医科大学とほぼ同じ金額です。

私立医学部31大学で最も学費の高い川崎医科大学は6年間の学費が４５５０万円ですが、静岡県地域枠で入学すると３１１０万円と、日本大学医学部とほぼ変わらない金額になります。

地域枠は、一般枠より難易度が低いケースが多く、どこか一段低く見られるような風潮があります。特に地方の国公立医学部に設けられた地域枠は、地元の高校が進学実績を上げるために、医学部志望者をとにかく受験させるといったケースもあるようです。

しかし、地域枠の方が一般枠より難しいケースもあります。

例えば、杏林大学医学部の東京都地域枠は学費が全額貸与され、さらに生活費が毎月10万円支給されます。６年間の学費が３７００万円の杏林大学に無償で通学できるため、杏林大学の東京都地域枠で合格した受験生は一般枠の中でも上位合格者と言われています。

医学部の地域枠選抜とは？

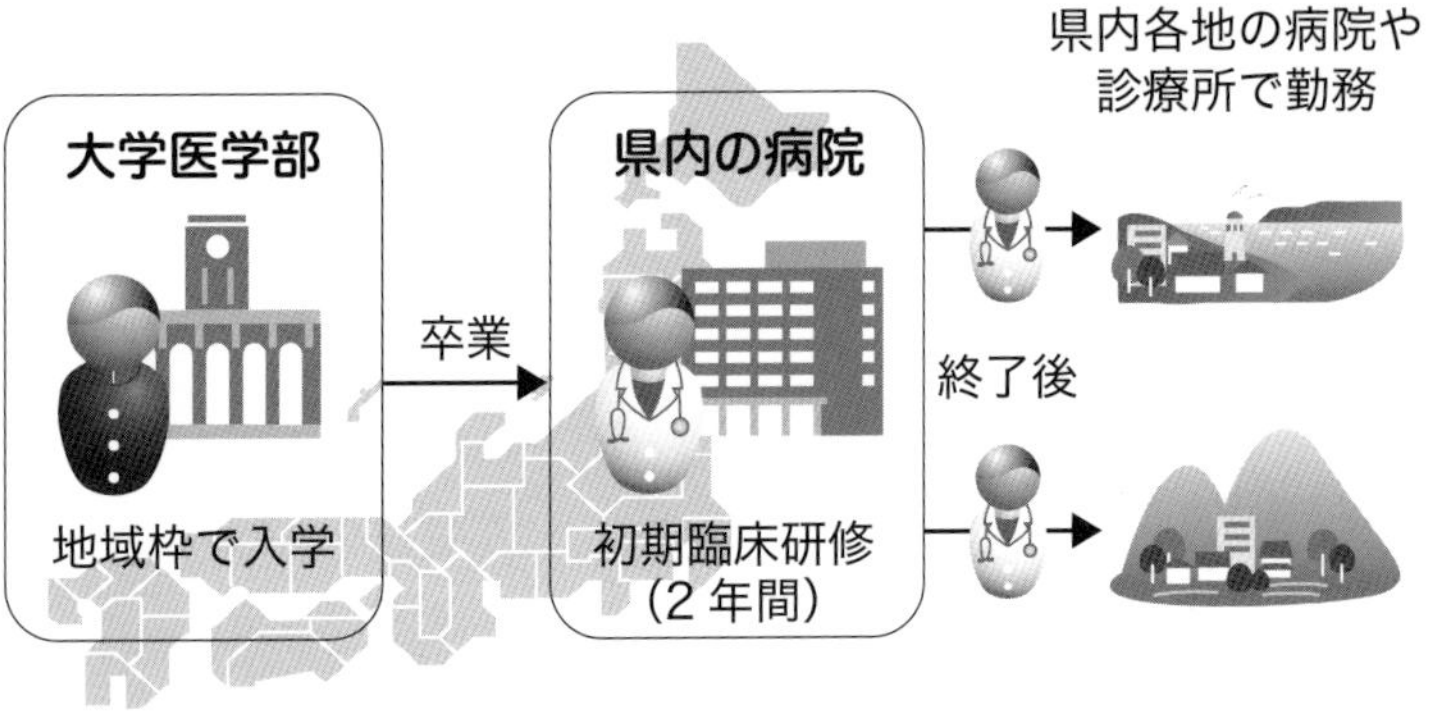

地域医療の担い手を確保するために、大学医学部が設ける入学者選抜枠。特定の地域や診療科で診療することを条件とし、該当する学生に対して自治体が奨学金を貸与する。一部例外はあるが、一定期間医療に従事すれば、奨学金の返還義務はなくなる

卒業後の条件を考えると、ただ入試が易しく、入りやすさだけの理由で地域枠を受験することはお勧めしません。

けれど、**学費が決して安いとは言えない私立医学部で、少しでも学費の負担が軽減されることで助かるご家庭はあるはずです。また、再受験生や多浪生など、医学部に合格するために苦労している受験生が「卒業後はどこでもいいから自分が必要とされる場所で働きたい」と地域枠を選択するケースも見てきました。経済的に医学部進学をあきらめていた方には非常に大きなメリット**でしょう。

もちろん、日本国憲法にある通り、国民は誰もが「居住、移転および職業選択の自由」を有しています。しかし、それぞれが事情を抱える医学部受験においては、医師になることを目的とした地域枠の受験はあってもいいというのが私の考え方です。

35

Q 志望理由書はどう書けばいいですか？

A 面接で答えられるかどうかを考えながら書く。

出願書類の形式は大学によってさまざまですが、圧倒的に多いのは志望理由です。面接の項目に「書類を面接の材料とする」と書かれている大学が多くあります。その場合、高校から発行された調査書や受験生から提出された書類（志望理由書・自己評価書・活動報告書など）がそれにあたります。

医学部受験における志望理由書は、それだけで採点されることはありません。そのため、試験として課される小論文とは考え方が異なります。

志望理由書は、主に「面接の材料」だと考えてください。

試験官にとってわかりやすいように、限られた字数の中で大学が求めるものをできる限り詰め込む。私が志望理由書の添削指導をする時は、そのことを心がけています。

例えば、文字を綺麗に大きく書くというのもその1つです。

志望理由書を書く際の難しい点は、大学によって字数や書式、求められる内容が全く違うことですが、まずは、「医師（医学部）志望理由」と「大学志望理由」は明確に異なることを頭に入れておいてください。

例えば、東京医科大学の学校推薦型選抜は珍しく書類審査に14点の配点が与えられていますが、提出書類の1つである【志望の動機】は、「800字程度で本学志望の動機、本学入学後の抱負を自筆してください」と指定されています。

つまり、求められているのは「本学（東京医科大学の）志望理由」であり、医師志望理由を書く必要はありません。

ところが、志望理由というと「医師志望理由」という思い込みがあるのか、800字の半分ぐらいを医師志望理由で埋めて書いてくる受験生がいます。

もちろん、医師を志した理由に東京医科大学が関係していれば、医師志望理由を書く必要がありますが、それも長々と書く必要はありません。あくまで大学が求めているのは「本学志望の動機と本学入学後の抱負」です。

ただ、本学入学後の抱負を書く場合に、将来の医師像は必ず関係します。なりたい医師像があるからこそ、大学でこういう学びをしてみたい、こういう経験を積みたいという意思があるはずです。

例えば、祖父を大腸がんで亡くした経験から医師を志し、将来は消化器外科に興味がある。そのため、東京医科大学の「Road to Top Surgeon」というプログラムが魅力的だという場合は、医師志望理由にも軽く触れる必要があるでしょう。

また、**志望理由書を書く際は、必ず大学の「アドミッション・ポリシー」を意識する必要があります。**大学によっては、ディプロマ・ポリシーやカリキュラム・ポリシーまで見ておいたほうがいい大学もあります。建学の精神や理念なども、何を重視しているかは大学によって違います。

志望理由書を書くには
3つのポリシーを知る

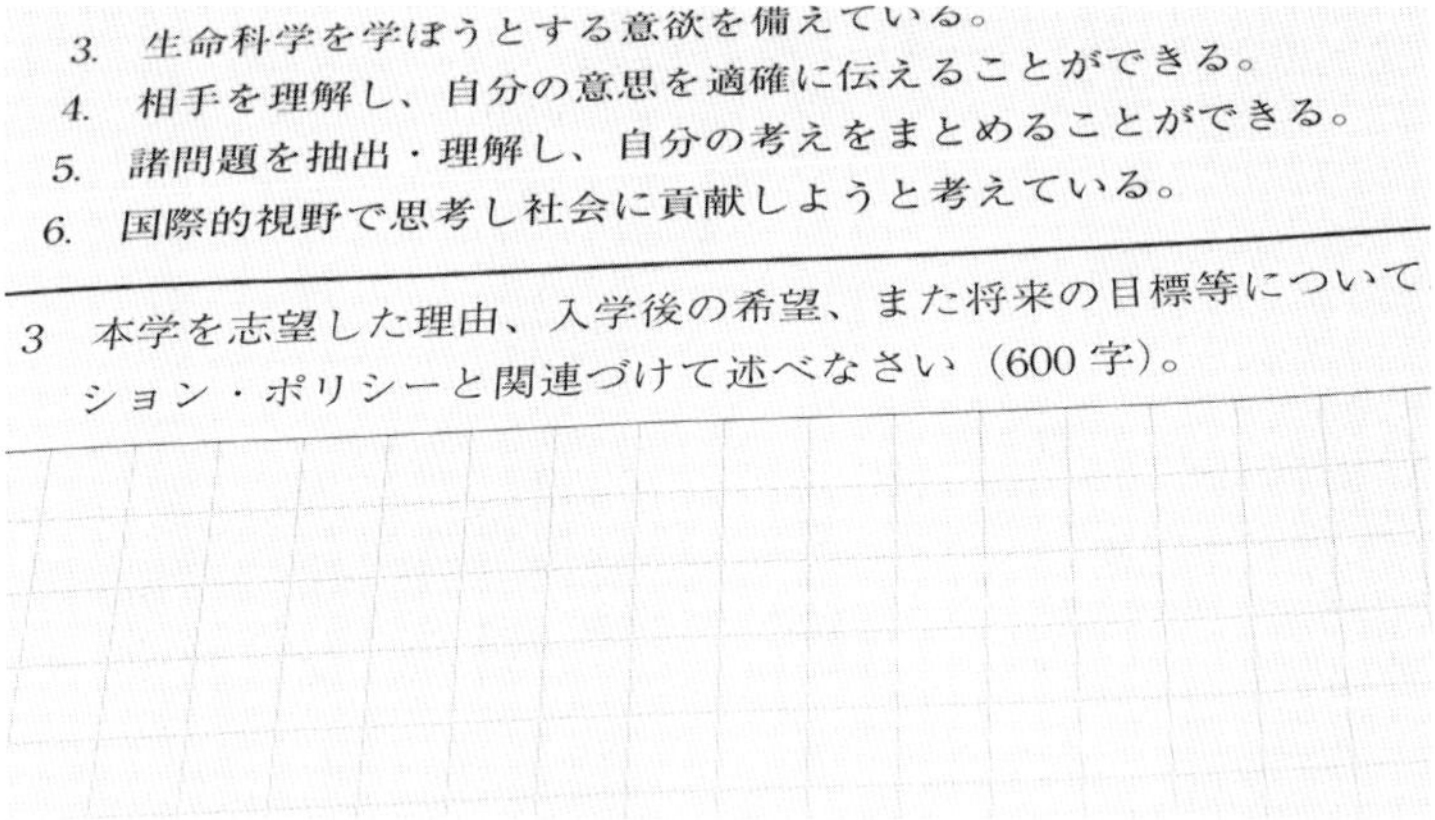
3. 生命科学を学ぼうとする意欲を備えている。
4. 相手を理解し、自分の意思を適確に伝えることができる。
5. 諸問題を抽出・理解し、自分の考えをまとめることができる。
6. 国際的視野で思考し社会に貢献しようと考えている。

3 本学を志望した理由、入学後の希望、また将来の目標等について
ション・ポリシーと関連づけて述べなさい（600字）。

①**アドミッション・ポリシー**＝大学が定めた入学者受け入れの基本的な方針　（大学がどのような学生を求めているかが記されている）

②**ディプロマ・ポリシー**＝学生がどのような力を身につければ学位を授与するかを定める方針（学生が在学中に達成すべき学修目標）

③**カリキュラム・ポリシー**＝ディプロマ・ポリシーを達成するためにどのような教育課程を編成し、どのように学生を評価するかを定める基本的な方針

36

Q 自己推薦書の書き方を教えてください。

A アドミッション・ポリシーを熟読して書く。

自己推薦書は、志望理由書と同様に面接試験の参考資料として使われることがほとんどです。まずは募集要項をよく読むことです。

志望理由書を書く際は「アドミッション・ポリシー」を意識してくださいと書きましたが、自己推薦書を書く場合は意識するだけでは足りません。ぜひとも熟読してほしいと思います。

自己推薦書は「自分がいかにアドミッション・ポリシーに当てはまっているか」をアピールする書類だと思ってください。

もちろん、アドミッション・ポリシーは複数あるので、すべての項目が自分に当てはまっているということはなかなかありません。

よって、アドミッション・ポリシーの中で、自分に当てはまっている箇所をピックアップする必要があります。

さらに、ただ「当てはまっています」と書いても、それだけでは医学部の教員には伝わりません。

受験生と会ったことのない、会うとしても面接で初めて顔を合わせる教員に、「私は貴学のアドミッション・ポリシーに当てはまっています」と主張するためには、**根拠（エビデンス）**が必要です。

この**根拠とは、自分が過去に経験した活動が当てはまります。例えば、部活動や課外活動、委員会、ボランティアなど**です。具体例を挙げて、「こういう活動の経験があるから、私にはこういう能力が備わっています。だから、貴学が求める医師像に当てはまります」という書き方をして初めて、大学の求める自己推薦書が完成します。

37

Q 医学部の小論文はどんな形式のものが出題されますか?

A テーマ型・課題文型・資料型の3タイプが主流。他に現代文型や写真型などもあります。

医学部の小論文は大きく3つのタイプに分けられます。

1．テーマ型（杏林大学医学部、近畿大学医学部など）

「◎◎について書け」というシンプルな出題。

テーマとなる◎◎について知らない場合、何を書けばいいかわからないため、知識が必要だと思いがちだが、実は最初に自分で意味を設定して（指針の提示）それに従って書けば、不合格になることはない。

以前、杏林大学で「情けは人のためならず」という諺《ことわざ》が出題され、誤読した受験生が多発したが、指針を提示して書けば不合格になることはなかった。

2．課題文型（東京医科大学、金沢医科大学など）

ある程度の長さの課題文が出題され、その課題文をもとに出題される形式。

小論文によくある「自分の意見を述べる」タイプの問題だけでなく、「課題文を要約せよ」といった問題も出題される。

最近は「事実」と「自分の意見」を区別できない学生が増えている影響か、課題文を要約させる出題が静かに増えつつある。

3．資料型（産業医科大学、聖マリアンナ医科大学など）

新課程の国語では、自分の考えと図やグラフを関連付けて書くことができる試みが取り入れられ、最近は小論文でも図やグラフを提示して、そこから考察させる資料型が増えてきた。

もともと医学部では以前から資料型の小論文は出題されてきたが、近年は新課程の影響で増加傾向にある。

提示された図やグラフから、出題者意図を読み取り、ポイントとなる箇所を見つけることが重要。

他に国語（現代文）のような問題が出される**現代文型**、絵や写真を見て自分の意見を書く**写真型**など、特徴的な出題の大学もあります。

また、多くの私立医学部は二次試験で小論文を実施しますが、一次試験で実施する大学もあるので注意が必要です。

38

Q 小論文が苦手です。どうしたら上手く書けますか？

A 読むのは医学部の教員。三本柱で書く。

小論文とは「小さな論文」と書きます。その名の通り、論文の小さなものだと考えてください。

医学部受験における小論文を読むのは医学部の教員です。つまり、普段は医学論文を読んだり書いたりしている人たちです。よって、医学部受験における小論文は、医学論文にならって以下の三本柱を立てて書くといいでしょう。

1. 指針の提示
2. 主張と考察
3. 結論

1. 指針の提示

課題や課題文の内容把握。この小論文で論じるテーマ（主題）について書く。

問題文にテーマが与えられている場合でも、それを自分の言葉で要約して提示する。

2. 主張と考察

自分の主張を書く。

字数が長い場合は論証（自分の意見の主張）だけでなく、反証（反対意見）や具体例などを入れる。

論証する際は事実をもとに考察することが大切。

3. 結論

ここまでの流れを踏まえた自分の結論を書く。

「1. 指針の提示」で結論が出ている場合は、それを再度繰り返す。

具体的に説明しましょう。

例えば「男性育休取得率が少ない理由と改善策を述べよ」と出題された場合、小論文としての三本柱は以下のようになります。

1. 指針の提示

男性育休取得率が少ない理由を挙げることで改善策を考えたい。

2. 主張と考察

男性育休取得率が少ない理由は次の3つと考えられる。①性別による昔の役割分担が残っている、②取得している男性がまだ少ない、③仕事から長期間離れるデメリットがある。

改善するために、以下のようなことを考えた。①小さい頃からのジェンダー教育、②組織が男性の育休取得を奨励すると同時に国も達成目標に向けて広報活動をする、③夫婦で交替で育休を取るなど制度に柔軟性を持たせる。

3．結論

いずれも個人の努力だけでなく企業や国のサポートが必要。少子化解消のために男性の育休取得が積極的に推奨されることを望みたい。

これらを骨組みとして、定められた字数内に収まるように文章を肉付けしていきます。

この決められたパターンを習得すれば、どんな問題が出ても三本柱に当てはめて書くだけです。

よって、まずは医学部小論文の「お作法」とでも言うべき、この三本柱をマスターすることが必要です。

小論文　記述の心得とは？

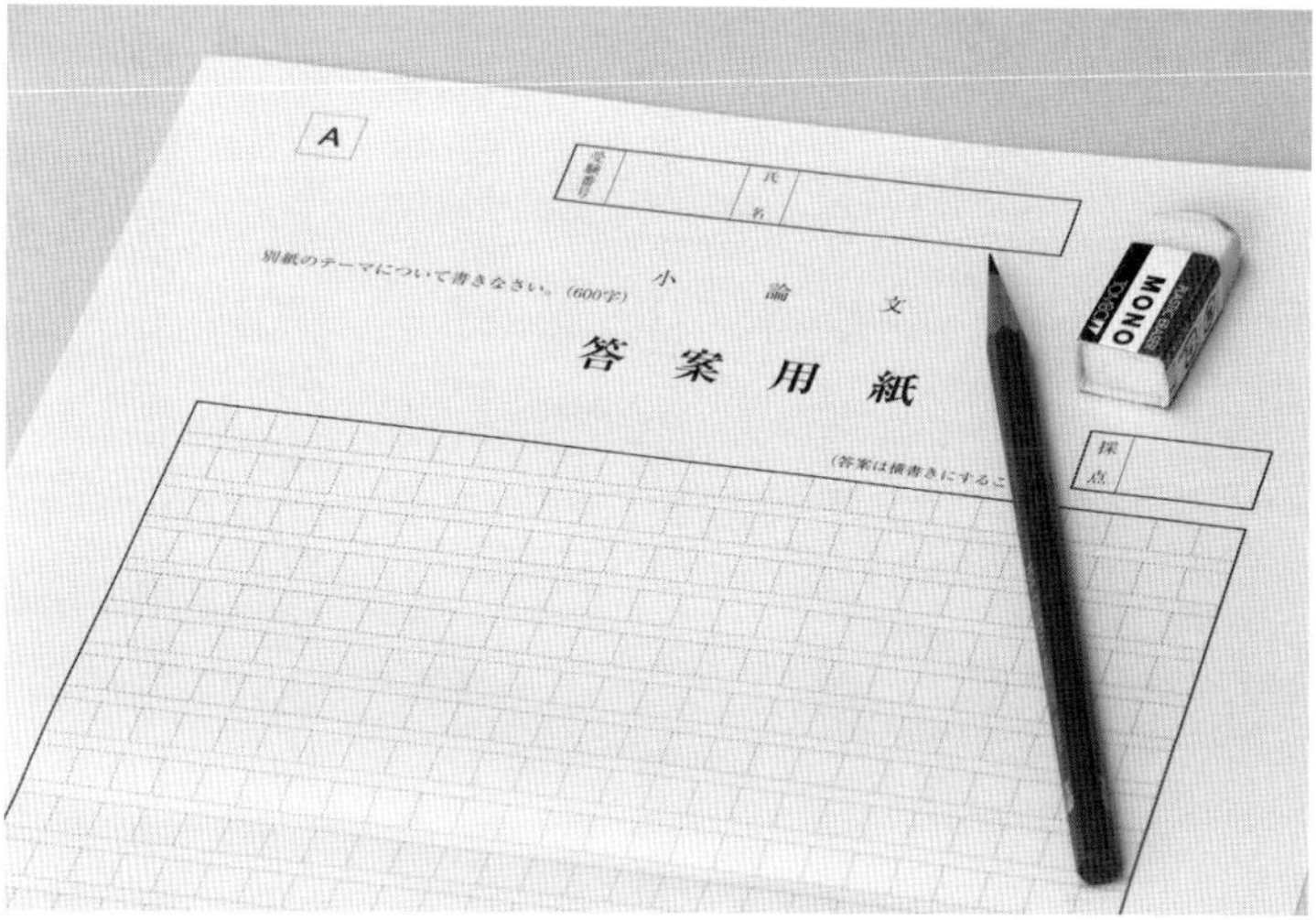

出題された設問内容やスタイル（テーマ型、課題文型、資料型）などに応じて自分の思考・考え方を展開する。構成を整え、論理的・客観的に主張を展開するのが重要

39

Q 面接官は受験生のどこを見るのでしょうか？

A この受験生を入学させてもいいかを見ています。

生徒に「この医師志望理由だとありきたりですよね」と言われることがあります。そのたびに「よくある志望理由でも、その背景を語ることによって、その人なりの思いが伝わってくるよ」と伝えるのですが、受験生の話をよく聞いてみると、どうやら「他の受験生と差をつけなければ」と思っているようです。学力試験の感覚で面接試験に臨んでいるのでしょう。

しかし、面接試験は複数の面接官によって採点されます。スポーツに例えると、陸上やサッカーなどの対人競技ではなく、体操やフィギュアスケートなどの採点競技です。他の受験生と比べて差をつける必要はなく、面接官に良い印象を残すことが大切なのです。

では、面接官は受験生のどこを見ているのでしょうか？

面接官は医学部の教員です。よって、「この受験生を入学させてもいいかどうか？」と思いながら見ています。


医学部は入学してからも試験や実習など、ハードな日々が続きます。6年間ストレートで進級して医師国家試験に合格する学生は全体の85％ほどです。1割以上の学生はどこかでつまずいているのです。教員は普段から優秀な学生や勤勉な学生、部活動にばかり熱中している学生、あまり大学に来ない学生などと接しています。

そのため、目の前の受験生を面接している時も、自分達が見てきた学生のイメージを念頭に置きながら、この子は真面目そうだ、この子は大学に入ってから伸びるタイプだといったように判断しています。

また、私立大学は「校風」がはっきりしているので、目の前の受験生が大学の校風に合うかどうかも見ています。大学の理念や建学の精神を知っておくことも必要でしょう。

40

Q 就活と医学部の面接は違いますか？

A 人事部にいた私が断言します。全然違います。

私は企業の人事部にいたことがありますが、就活における面接は一言で言えば「即戦力」を求めています。極端なことを言えば、明日から入社しても成果を出してくれる人が一番欲しいわけです。

もちろん、実際にはオリエンテーションやＯＪＴ研修などを経て、それぞれの部署に配属されるわけですが、即戦力であればあるほど企業としては教育の手間が省けます。

医学部の面接は違います。

やる気と伸びしろのある人を求めており、即戦力は求めていません。

医学部教員は、医学に関する専門的なことは入学してから学べばいいと考えています。中途半端な医学知識よりも、やる気と伸びしろが何より大事だということです。

よって、就活の面接では、自分は誰よりも早く成長して結果を出せる人材であるとアピールすることが必要ですが、**医学部の面接では、行きすぎた自己アピールはやりすぎと捉えられる**ことがあります。

就活の面接と医学部の面接の最も大きな違い、それは「完成した人」を求めているかどうかだと考えてください。

41

Q 個人面接の対応法を教えてください。

A 志望理由を明確に答える。

最もオーソドックスなタイプの面接で、ほとんどの医学部で行われています。

学生1人に対して複数の面接官がさまざまな質問をする形式で、時間は10～15分といったところですが、国際医療福祉大学では30分の個人面接を2回行います。医師志望理由や大学志望理由、理想とする医師像といった基本的な質問から、受験生本人に関することまで聞かれます。面接官によって質問や進め方も違います。最も対策がしやすく、その反面、最もどんな質問が来るかわからない面接とも言えるでしょう。

個人面接でよく聞かれる質問

●医師志望の理由
●本学への志望理由
●自己 PR
●医師になってからの将来像
●高校時代に頑張ったこと
●自分が医師に向いていると思う点
●長所および短所
●趣味や興味があること
●入学したらやってみたいこと
●これまでの経歴
●最近の医療・社会のニュースについて

42

Q グループ面接、グループ討論で心がけることは？

A 他者の返答をよく聞き、臆せず自分の意見を述べる。

1. グループ面接（富山大学医学部・岐阜大学医学部など）

複数の受験生に同じ質問を順番にしていくタイプの面接です。他の受験生と同じような答えになっても、臆することなく自分の答えや意見を自信をもって述べると同時に、他の受験生の返答もしっかり聞くことが大切です。

2. グループ討論（富山大学医学部・東邦大学医学部・金沢医科大学など）

複数の受験生が、その場で与えられた1つのテーマについて話し合う形式の面接です。協調性の有無を見ています。討論の内容や結論よりも、グループ全員が活発に発言できるかどうかのほうがより重視されます。

他の受験生を過剰に意識しないこと

グループ討論では、「少子化対策について」といったシンプルなテーマが与えられる場合もあれば、資料が配られてそれについて討論する場合もある。協力し合って討論が活発かつスムーズに進行するように心がけよう

43

Q　グループ討論はディベートとどこが違うのですか？

A　「和をもって貴しとなす」がグループ討論です。

ディベートというのは、あるテーマについて2つの異なる立場に分かれて討論することです。

2024年度の全国高校ディベート選手権では愛知県立岡崎高校が優勝しましたが、こういった競技型のディベートではファースト・セカンド・サード……とそれぞれの選手が順に発言を行い、立論、反対尋問、反駁《はんばく》……という決められた流れがあります。

医学部のグループ討論はディベートとは違います。

あくまでグループで話し合う時のコミュニケーションの態度を見て、医学部に入学してからも他の学生達とやっていける

かどうかを見ています。

日本医科大学は後期試験でディベート型のグループ討論を行いますが、その場合も競技型ディベートの形式ではなく、あるテーマに対して賛成と反対に分かれてから、自由に話し合いを進めるように指示されます。

要するに、聖徳太子が十七条憲法の第一条に掲げた「和をもって貴しとなす」をお手本と考えてください。まずは**グループ全員でよく話し合うことが大事で、その過程でゆるやかなリーダーシップを発揮し、その場をまとめることができればなお良し**と考えてください。

今、流行っている「論破」のようなことは全く求められていませんので、ご注意を。

複数の大学の方から「グループ討論で論破しようとする受験生がいて困っている」と伺っています。受験生としては注意したいものです。

44

Q MMI（マルチプル・ミニ・インタビュー）の対処法は？

A 自分の思ったことを素直に答える。

ＭＭＩ（Multiple Mini Interview）は、カナダの医学部で初めて行われた面接形式です。東邦大学や藤田医科大学、東京慈恵会医科大学などで実施されています。ある状況に関するシートが与えられて、それについて答える形式で、受験生の思考力・判断力、知識などを測《はか》ります。ＭＭＩでは、まず**規定のシチュエーションの書かれた文章を読み、その状況を自分がどう捉え、どのように対処するかを考えさせます。そして、それを面接官に規定の時間内に説明する（プレゼンする）方法**を取ることが基本です。

1部屋ごとにテーマが渡される東邦大学や藤田医科大学のような形式もあれば、個人面接の中でシートを渡される東京医科大学や帝京大学のような形式もあります。いずれも考えすぎることなく、自分の意見を素直に述べることが必要です。

MMIのシチュエーション例

●レジャー施設のファストパスのように、特別料金を払えば先に診療を受けられる診療所があったらどう思うか
●あなたが店員だったとして、客に注文されたコーラを持って行くと「私はコーヒーを頼んだ」と言われた場合、どう対処するか
●友人と旅行に行くことにした。それぞれ行きたい場所、やりたいことがバラバラです。あなたならどうするか
●あなたはレポートの提出期限に遅れてしまった。担当教授にどのように謝るか

45

Q 面接で医療の知識は必要ですか？

A 医師を志す受験生として困らない程度の知識で大丈夫。

皆さんが考えているほど、医学の専門的な知識は面接では必要ありません。

面接で医学や社会問題に関することを聞かれる場合、高校生なら誰でも知っているようなことがほとんどで、難しい事柄について質問する時は、面接官のほうから「ちょっと難しいかもしれないけど……」と最初にことわりを入れてくれることがほとんどです。

面接官の中には、「医学部を目指す受験生として、このぐらいは知っていてほしい」というラインがあるものと思われますが、そのラインはそんなに高くありません。

例えば、地方の医師不足。

例えば、高額な薬を高額療養費（医療費）制度で使用することの問題。

いずれもすぐに答えは出ない問題ばかりです。さまざまな意見のある問題に対して、受験生が自分なりにどう考えているのか。**面接官は受験生の背伸びしない素直な意見を聞きたいと思っています。**

ここで大切なのは、**面接官をあっと驚かせるような素晴らしいアイデアや、問題に厳しく切り込む意見は求められていない**ということです。

あくまで、将来医師を目指す者としてどう考えているかといった、常識的な答えが求められています。

46

Q 「面接落ち」って本当にあるの？

A 結論から言うと、あります。

面接試験での「一発アウト」というのは、ケースバイケースですが「ある」と考えています。

医師として、医学者としての資質に欠けると面接試験で判断されれば、どんな大学でも「不可」が付くでしょう。

よく募集要項に「1科目でも点数が大きく下回った場合は不合格とすることがある」と書いてありますが、あの中には面接試験で明らかに様子のおかしい受験生や、小論文で倫理的に問題がある内容を書いた受験生を不合格にすることも含まれていると思います。

では、どんな人が「一発アウト」になるのでしょうか？

医療人にふさわしくないと判断されればOUT！

面接試験では、学力試験では測り切れない医師としての資質や、自校に入学させても大丈夫な人材かを判断する。面接官の質問にまともに向き合えなかったり、明らかに様子のおかしい受験生だと、さすがにアウト！

大学の方にお伺いした範囲だと、面接官に反抗的な態度を取る受験生はやはり「問題あり」と見なされるようです。ちょっと信じられませんが、面接官と口論になる受験生も中にはいるようです。

また、過緊張で何も話せない受験生も判断に困る1例でしょう。

関西医科大学や兵庫医科大学など、再面接制度を設けている大学は、1度目の面接で過緊張でも、2度目の面接で話せれば救われるケースがあるようです。

最近はMMI（196P参照）も多くの大学で行われています。

コミュニケーション能力に難のある受験生は、MMIの答えが他の受験生とは全く異なることがあるようです。相手の立場に立つことができないため、大学の方は「すぐにわかりますよ」とおっしゃっていました。

47

Q 面接の上達法はありますか？

A 質問を想定して練習することです。

面接は頭の中でシミュレーションしているだけでは限界があります。スポーツと同じで練習しなければ上達しません。

面接評価のポイントは、自分がしゃべっていることを面接官が納得してくれるかどうかです。そのためには、医学部の教員が受験生に対してどういう質問をしてくるかという予想が欠かせません。自己流ではなかなか上手くいかないので、高校の先生や塾・予備校の先生方に模擬面接をしてもらいましょう。

私立医学部の面接対策は、面接官の見ているポイントが大学によってさまざまなので、私は出願書類を参考にしながら、「今度は日大の面接」「今度は東京医大の面接」と、1日に何校もの面接官になりきり、質問やポイントをすべて変えています。

48

Q 受験生の親です。うちの子は内向的で積極的に話すタイプではありません。面接は大丈夫でしょうか?

A 普段、親に見せているのとは違う顔があるので安心してください。

実はこういった相談をよく保護者（特にお母さま）から受けるのですが、実際に受験生本人とお会いしてみて手を焼いたというケースは1つもありません。保護者のいない席で受験生と一対一で話をしてみると、総じて自分の考えを素直に話してくれる子が多く、後は慣れるだけというケースがほとんどです。

きっとこういう相談をされる保護者の方は心配性なのだと思います。だから、いつも先回りして子どものことを心配する。子どももそれがわかっているから、あまり余計なことを言って親を心配させまいとする。

そのため、親の目からは内向的で積極的に話すタイプではないように見えるのかもしれません。

これまで指導してきて、本当に話ができなくて困った受験生というのはほとんどいません。

困るのは、答えのベクトルが医学部の面接官の求める方向とズレてしまう受験生です。

そういった受験生には、医学部の面接官がどういったポイントを見ているかを理解できるまで説明する必要があります。

49

Q 好印象を与える面接対策は?

A 正直で誠実。これに勝る好印象はなし。

面接練習をしていて困るのは、よく「これを言えば大丈夫」という答えを教えてくださいというものです。

学力試験と異なり、面接試験には唯一無二の絶対がありません。

そのため「好印象を与える最終兵器」もありません。

間違いなく言えるのは、正直で誠実な受験生を悪く思う面接官はいないということです。

少しぐらい答えに詰まっても、的外れなことを言ってしまっても、「すみません」と謝って何とか自分の言葉で答えようとする。そういった**誠実さはまさに生涯にわたって医学を学び、患者さんと向かい合ううえで必要**

な姿勢と言えるでしょう。

よって、面接練習では、いかにその受験生の素の姿を引き出せるかを心がけています。

仲良くしている友人や家族への優しさ、思いやり、そういったものを面接官に見せることができれば、間違いなく面接では高評価をいただけるからです。

結局のところ、無理して作り込んだものを面接官は評価せず、正直が一番ということかもしれません。

50

Q 入試の直前にやるべきことを教えてください。

A 基本事項を1つでも多く確認すること！

本番直前の対策と言えば、過去問対策と思われるかもしれません。しかし、本当にやらなければいけないことは、実はそこではありません。

過去問というのは出題形式や試験時間など、本番慣れするための素材としてもちろん重要です。しかし、過去問をいくら解いても、それだけで学力が劇的に伸びることはありません。そのベースとなる基礎力がなければ、いくら過去問を解いても意味がないのです。

では、基礎力とは何でしょうか？

簡単に言えば、入試問題を解くために必要な基本事項のことです。

例えば、数学の公式。知っていれば、わざわざ一から考えなくても、公式に当てはめるだけですぐに答えを出すことができます。

入試問題というのは、どんなに難しく見えたとしても基本事項の組み合わせです。高校の教育課程から出題されるのだから当たり前だと思われるかもしれませんが、その基本事項の組み合わせを読み解いて正しい解法を導き出すことが、入試における実践力です。その組み合わせが複雑になればなるほど読み解くことが難しくなるので、それに対応できる力のことを「応用力」と呼びます。

これは一朝一夕に身につくものではなく、また暗記すればいいというものでもありません。覚えた基本事項をどのように使えばいいか、何度も繰り返すことで理解していくものです。

よって、入試直前は1つでも多くの基本事項を復習すること。入試本番で基本事項を組み合わせて問題の解法を導き出すための準備をすること。それが何より大切です。

具体的には、**これまで繰り返しやってきた問題集を開いて何度も繰り返し、自分が過去にしたミスをチェックして二度と同じミスをしないようにたたき込むことが何より効果的**でしょう。

しかし、これまで使ってきた問題集をまた繰り返すというのは地味な作業です。受験生にとっては「こんなことをしていて本当に入試で点が取れるのか？」と疑念が湧くでしょうし、保護者から見ると「今さらそんな簡単なことを復習して意味があるの？」と思われるかもしれません。

それでも、合格する生徒は最後まで自分がやってきた問題集、プリント、ノートを試験会場に持って行ってギリギリまで見直しています。見直す材料があればあるほど、1年間の勉強が充実していたと言えるでしょう。

付録データ
センター長の分析

私立医学部31校特色と選抜内容

私立医学部には個性があり選抜形式も多様です。私はなるべくキャンパスへ足を運び、入試担当者や教員の先生方とお会いして情報収集に努めてきました。また、その医学部に進学した学生から感想も聞いています。私が実際に訪問した時の経験も交えながら各大学の特色をお伝えし、選抜内容を分析します。

＊一次合格倍率、入学者男女比は2024年度のデータを基に作成
入試難易度は以下のデータを総合的に解析して算出している
(1) メルリックス学院内部生の模試結果と入試情報
(2) メルリックスが独自に入手した入試情報

Appendix

岩手医科大学

岩手県紫波郡

東北の地域医療を担ってきたという誇り

昭和3年に設立された旧設医大です。東北地方には医学部が7校ありますが、戦前にできた旧設医大は東北大と岩手医大の2校しかありません。岩手県にあるのは岩手医科大学のみです。

そのため、東北以外の方には伝わりにくいかもしれませんが、岩手医大には自分達が東北の地域医療を担ってきたという誇りがあります。その影響力は岩手県のみならず、青森県南部や秋田県の内陸部にも及んでいます。

以前は盛岡市内にキャンパスがありましたが、盛岡駅からJRで3駅のところにある矢幅駅に病院と共に移転しました。矢巾キャンパスには医学部・歯学部・薬学部・看護学部の4学部があり、医学部のみ1年次全寮制です。校舎の裏にドミトリー圭友館という寮があり、希望すれば医学部以外の学部の学生も入寮できます。

どこの地方医学部もそうですが、卒業後に残ってくれる学生に苦慮しています。岩手医大も地域枠や同窓会推薦が必要な総合型選抜など、さまざまな入試枠を設けていますが、地方の医学部はどうしても大都市圏の医学部志望者たちの草刈り場となってしまいがちです。

歯学部を併設する医学部である特徴を活かして、1年次から2年次に上がる時に歯学部から医学部への転部試験を行っており、さらに医師と歯科医師のダブルライセンス取得を目的とした3年次編入を募集しています。編入生は卒業後、岩手県での就労義務が設けられています。

入学者

一次合格倍率（一般前期）

5.1倍　19位

入試難易度（一般）

63.0　25位

東北医科薬科大学

宮城県仙台市

一般選抜は３区分　修学資金貸与の枠もある

平成28年に設置された全国で80番目の医学部です（防衛医科大学校を除く）。医学部はその設立の経緯から「東北の地域医療の未来を支える人材育成」を建学の使命としています。

学費は６年間で３４００万円と私立医学部としては平均的な金額です。一般選抜の募集区分は３つに分かれており、修学資金が貸与される枠があります。

◎大学から３０００万円が貸与されるＡ方式

◎大学から１５００万円貸与＋地方自治体の修学資金制度に応募するＢ方式

◎学費を全額支払う一般枠

これらの枠の中では学費の最も安いＡ方式が最も入試難易度が高く、Ｂ方式、一般枠と金額が高くなる順に易しくなります。２０２５年度からは総合型選抜が20名で導入され、こちらは東北地域定着枠として地方自治体の就学資金制度に応募することが条件になります。必ずしも東北地方の出身者が有利になるということはなく、毎年首都圏からの合格者も数多くいます。

１期生からの医師国家試験合格率はいずれも95％を超えており、既卒生は全員合格しています。設立当初から、無理な留年はさせない方針で学生教育が行われています。

入学者

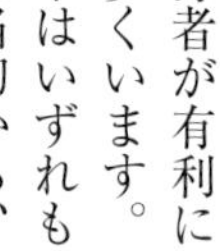

一次合格倍率（一般前期）

3.5倍　5位

入試難易度（A方式）

68.5　5位

自治医科大学

栃木県下野市

卒業後は出身地に戻って地域医療に従事

僻地《へきち》に住む人々に医療を提供することを理念に、昭和47年に全国の都道府県が共同して設立。卒業後は出身地に戻り、都道府県知事の定めた公立病院等で一定期間（約9年間）地域医療に従事することで学費返還が免除されます。受験生は都道府県ごとに選抜されるため、どの都道府県で受けるかで受験者数にばらつきがあり、難易度にも差があります。全体の定員は123名ですが、1つの都道府県につき2～3名の募集となります。地元である栃木県は地域枠3名がプラスされ、他県より多い5～6名の定員があります。

一次試験は都道府県による個人面接、二次試験は大学によるグループ討論と個人面接が行われ、入学してから共同生活ができるかどうかはシビアに見られているようです。

卒業後は僻地医療に従事するため、男女差別や年齢差別の噂が絶えませんが、都道府県ごとにどのような学生を選抜したいかの基準が明確にあり、多浪生や再受験生が入学することもあるようです。6年間全寮制で、栃木県のキャンパスで共同生活を送ります。

医師国家試験は非常に高い合格率を誇り、6年間ストレート合格率も95％以上を誇ります。合格した場合、本人が入学手続きのために自治医科大学のキャンパスに行かなければならず、それが国公立医学部の前期試験と後期試験の日に設定されています。つまり、自治医科大学に合格したら入学辞退しない限り、国公立は受験できないことになります。

入学者

一次合格倍率（一般前期）

3.6倍

6位

入試難易度

68.5

5位

獨協医科大学

栃木県下都賀郡

難しい英語をいかに攻略するかが合否のカギ

宇都宮駅から東武宇都宮線で15分ほど行ったところにあるおもちゃのまち駅が最寄り駅です。学校法人獨協学園が運営しており、獨協高校や獨協埼玉高校からの系列校推薦が行われています。

大学キャンパスの隣にある獨協医科大学病院の他に、越谷にある埼玉医療センター、そして日光にある日光医療センターが南関東の地域医療を支えています。

総合型選抜や学校推薦型選抜、一般選抜、そして共通テスト利用選抜と多様な選抜試験を行っていますが、２０２５年度から共通テスト利用選抜が廃止になりました。その分の定員を２０２４年度から始まった一般選抜の後期試験に加えて、15名募集に変更しています。

入学試験における特徴は英語の問題が難しいこと。特に一般選抜は60分という時間で20ページあまりの問題を処理しなくてはならず、この英語をいかに攻略するか（あるいは攻略をあきらめて数学や理科で稼ぐか）が戦略の1つとなります。

また、30歳以下の再受験生が受験できる総合型選抜を20年ほどにわたって行っています。一次試験で小論文（英語・日本語）と適性試験が行われますが、問題が非公表ということもあり、受けにくさを感じる再受験生が多いのか近年は志願者が20名を切る年もあります。受験者数やレベルを考えると、再受験生は狙ってもいい入試制度だと思います。

入学者

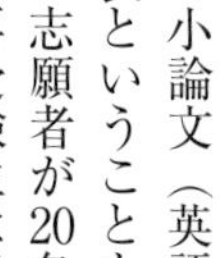

一次合格倍率（一般前期）

6.0倍

23位

入試難易度

62.5

29位

埼玉医科大学

埼玉県入間郡

学校推薦型選抜埼玉県地域枠で約20名募集

47都道府県の中で唯一、医学部がなかった埼玉県に昭和47年に創設。同じく埼玉県にある防衛医科大学は昭和49年開学のため、埼玉県初の医学部として設立されました。前身である毛呂《もろ》病院は精神科の病院で、今も埼玉医科大学病院の精神科は「県内の精神科医療の最後の砦《とりで》」として精神科三次救急に認定され、24時間体制で患者を受け入れています。

埼玉県は人口10万人あたりの医師数が長く最下位であり、埼玉医科大学では学校推薦型選抜で埼玉県地域枠を20名近く募集しています。他には一般選抜・共通テスト利用選抜が行われており、以前は少なかった30代の再受験生など高年齢の学生も在籍している印象があります。

精神科が有名であるためか、面接試験の面接官は必ず1人が精神科の医師であると言われていましたが、本当にそうであるかどうかはわかりません。

日高市にある埼玉医科大学国際医療センターは、その特徴的な外観もあり、よくドラマのロケ地として使用されています。また、平成9年にゲノム医学研究センターを設立するなど、私立医学部としては早くから研究にも力を入れています。

ちなみに、埼玉医科大学の最寄り駅の1つである東武越生線の東毛呂駅には、地元・毛呂山出身のサスケのデビュー曲である『青いベンチ』のモデルとなったベンチがあります。

入学者

一次合格倍率（一般前期）

―― 倍

位

入試難易度

63.0

25
位

国際医療福祉大学

千葉県成田市

安い学費設定、英語力重視・海外臨床実習などが魅力

平成29年に医学部が設立され、日本で81番目の医学部となりました（防衛医科大学校を除く）。大学としての歴史は栃木県の大田原キャンパスに保健学部が開学した平成7年にさかのぼります。

定員140名のうち20名が留学生枠です。1年次後期から2年次までの専門科目は英語による講義が実施され、また6年次には学生全員が海外臨床実習を行うという、他の医学部にはないユニークな教育が特徴です。在学中にUSMLE（米国医師国家試験）のSTEP1受験も推奨されています（推奨であり義務ではありません）。

成田キャンパスに何度かお邪魔したことがありますが、講義室やシミュレーションルーム、OSCEを行うための部屋など、素晴らしい施設でした。入学後すぐに英会話のレッスンがレベル別に始まりますが、そのためのアクティブ・ラーニング用の部屋もあります。

学費は6年間で1850万円と私立医学部の中で最も安く設定されていて、さらに2023年度からは6年間の学費が0円になる特待奨学生制度Sを導入。高い点数が要求されるため全員が国公立医学部に抜けるかと思いきや、毎年1名ほど入学者はいるようです。

ただし、歴史の浅い医学部ということもあり、複数の医学部に合格した受験生が進学先に選ぶケースはまだまだ少ないのが現状です。今後も革新的な医学部として、入試やカリキュラムを柔軟に改革していけるかどうか、そして卒業生がどのように活躍するかで、大学の評価は変わってくるでしょう。

入学者

女性 50.0%　男性 50.0%

一次合格倍率（一般前期）

4.9倍　17位

入試難易度

68.5　5位

杏林大学

東京都三鷹市

シンプルな選抜形式、首都圏の受験生に根強い人気

大学病院は救命救急で有名ですが、最近は地域医療にも力を入れています。吉祥寺駅または三鷹駅からバスで15～25分ほど。交通の便はそれほどよくありませんが、特に首都圏の医学部受験生からは根強い人気を誇っています。

AO入試や一般後期を行ったり、共通テスト利用を前期・後期の2回行ったこともありましたが、現在は一般選抜と共通テスト利用の2回のみというシンプルな入試形式になりました。今でこそ補欠に順位が付く大学は珍しくなくなりましたが、杏林大学は以前から200名以上出す補欠者全員に番号が付いており、寄付金がないこともあって「クリーンな大学」というイメージが根付いていることを折に触れて感じます。

1月の早い時期に一般選抜の一次試験を行うこと、学力試験がマークシート方式であり問題が持ち帰れること、補欠者にも順位が付くことなどから、医学部受験生が「力試し」的な意味合いで受けることが多く、3000人近い志願者を集めています。

入学後は、ICU（国際基督教大学）が近いこともあって英語教育に力を入れ、積極的に海外研修を推奨。6年次には30名弱の学生が海外クリニカルクラークシップの制度を利用しています。松田剛明理事長は救命救急医で、研究医としてハーバード大学などに留学していた経験もある方です。以前、お話をお聞きした時、医学教育について非常に熱く語っていらっしゃったのが印象的でした。

入学者

一次合格倍率（一般前期）

4.1倍

10位

入試難易度

63.5

21位

慶應義塾大学

東京都新宿区

私立医学部の雄、難易度No.1

言わずと知れた私立医学部の雄。1年次は他学部と一緒に日吉キャンパスで学びますが、2年次からは附属病院のある信濃町キャンパスで学生生活を送ります。看護医療学部も同じキャンパスで学び、薬学部の学生も附属病院で実習を行います。

1学年の定員は附属高校からの推薦が約44名と、一般選抜で合格した受験生が約66名の110名からなります。一般選抜の入試問題は他の私立医学部とは一線を画し、東大理Ⅲなどと併願する受験生を選抜するために、非常に難易度が高いものとなっています。

そのあまりの難易度の高さから、「私立医学部バブル」とでも呼ぶべき医学部受験者が爆増した時期も、志願者数が2000人を超えることなく推移しています。2025年度入試から、これまで2月20日前後に行っていた一次試験を2月9日に行うとの変更がありますが、おそらく受験者層に変化はないものと思われます。

長く私立医学部で最も学費が安い大学でしたが、国際医療福祉大学や順天堂大学、日本医科大学に抜かれ、現在は全体で7番目となっています。その代わり、医学部の一般選抜上位成績者10名程度に、1～4学年まで年間200万円を給付する奨学金制度を設けています。

ちなみに、初代医学部長は北里大学の学祖である北里柴三郎博士です。

入学者

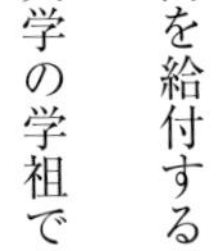

一次合格倍率（一般前期）

4.9倍 17位

入試難易度

72.5 1位

順天堂大学

東京都文京区

独自の教育方針、入学させたい学生像が明確

1838年（天保9年）に佐藤泰然が開いた蘭医学塾和田塾を起源とし、9つの学部を擁する健康総合大学。医学部とスポーツ健康科学部の学生が1年次に寮で生活を共にするなど、独自の教育方針で高い医師国家試験合格率を維持しています。

JR御茶ノ水駅のホームから見える建物が印象的な本郷キャンパスと大学病院は多くの医学部受験生の憧れであり、高い人気を誇ります。大学病院は、現在の上皇陛下の心臓バイパス手術を執刀した天野医師がいることで一躍有名になりました。

2008年に学費を約2000万円に値下げし、偏差値が上昇したことがよく受験業界では取り上げられます。とはいえ、必ずしも勉強だけできる受験生が欲しいわけではなく、学生募集要項には「学生募集に関するミッション」として、大学としてどのような教育を行い、どのような学生を求めているかが2ページにわたって明記されています。二次試験で行われる面接でも、子どもの頃からの通知簿や賞状、免許、資格、トロフィーなどを持参するように求められます。入学させたい学生像がかなり明確な大学です。

医学部の不適切入試問題では、女子と浪人生を不利に扱ったとして、記者会見で大学が「女子の方が相対的にコミュニケーション能力が高いため得点調整した」と述べたことが世間を騒がせました。

近年は必ずしも女子が不利というわけではなく、2024年度の入学者は女子が4割を超えています。

入学者

一次合格倍率（一般前期）

—— 倍

位

入試難易度

69.0

3位

昭和大学

東京都品川区

（2025年4月より昭和医科大学に改称）

1年次の全寮制こそが大学のアイデンティティ

医学部・歯学部・薬学部・保健医療学部の4学部を擁する医療系総合大学です。1年次は富士吉田キャンパスで全寮制の生活を送り、学部の異なる4人が同じ部屋で共同生活を行います。

卒業までのカリキュラムが比較的ゆるやかにも関わらず、高い国家試験合格率を誇るのは、寮生活で自己管理能力や勉強の計画性が養われるからだと思われます。現在の理事長は富士吉田キャンパスの1期生で、当時同室だったメンバー（部屋メンと言う）とは今もつき合いがあるそうです。1年次の全寮制こそが昭和大学のアイデンティティとも言えるでしょう。

医系総合大学として独自のチーム医療教育を行っており、1年次の寮生活で学部を超えて共同生活をするためか、医療従事職の関係性がフラットなのが大きな特色です。

2025年4月から「昭和医科大学」に改称されることが決まっており、100周年記念事業として2027年4月には神奈川県川崎市に鷺沼キャンパスが新設されます。現在の旗の台キャンパスにある校舎は取り壊され、附属病院も建て替えが予定されています。

入試は定員のほとんどを一般選抜Ⅰ期・Ⅱ期で募集しますが、協定校推薦で2名、卒業生推薦で7名を募集します。協定校は今のところ、昭和女子大学附属昭和高校と森村学園高校の2校です。地域枠も一般選抜Ⅰ期で募集していますが、2024年度は山梨県地域枠の1次合格者が0名ということで話題となりました。

入学者

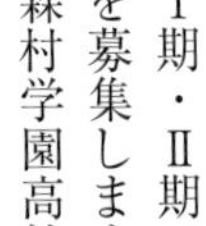

一次合格倍率（一般前期）

4.4倍

12位

入試難易度

66.5

11位

帝京大学

東京都板橋区

英語と他2科目で受験でき、国語も選択可能

10学部を擁する総合大学で、医療系学部は板橋キャンパスに、文系学部は八王子キャンパスに分かれて設置されています（福岡医療技術学部は福岡県大牟田市にあります）。板橋キャンパスには附属病院が併設されており、施設・設備の充実度はピカイチです。

何といっても特徴的なのは入試形態。3教科4科目型が基本の私立医学部の中で、英語と他2科目で受験できるのが大きな特徴です。さらに、国語（現代文のみ）も選択することができ、英語・国語・生物という、いわゆる「文系型」で受験することも可能です。よく「国語を選択すると受からない」といった噂が流れますが、国語で合格する生徒は毎年います。医学部受験によくある「根拠のない噂」の1つだなあと思っています。

試験科目のユニークさから再受験生の合格者も多く、在籍する学生の年齢はバラエティに富んでいます。

ただ、このところ総合型選抜や学校推薦型選抜の定員が徐々に増えており、現役生のみが受験できる学校推薦型選抜の他に、2025年度入試からは総合型選抜が始まりました。総合型選抜は1浪生なら誰でも受けることができ、一次試験は小論文・個人面接・グループディスカッション、二次試験は共通テスト利用で併願可能と、東海大学〈希望の星育成〉選抜と非常に似た形式の入試です。初年度は一次試験が東海大学〈希望の星育成〉の一次試験と同じ日でしたが、志願者は180人を超える人数を集めました。

入学者

一次合格倍率（一般前期）

―― 倍

位

入試難易度

64.0

17位

東京医科大学

東京都新宿区

医学部入試の先頭を走る多様な入試形態

２０１８年、東京医科大学の入試でいわゆる「裏口入学」が行われ、さらに女性差別・年齢差別もあったことが社会問題になりました。その流れは医学部全体に広がり、全10校で「不適切入試」が行われていたとして、文部科学省から指摘を受けましたが、その後はすべての大学で公平・公正な入試に向けた改善が行われました。

今の東京医科大学は学校推薦型選抜・一般選抜・共通テスト利用選抜・学士選抜と多様な入試形態により、医学部入試のトレンドの先頭を行く存在となっています。

学校推薦型選抜は公募推薦の他に、地域枠推薦、英語検定試験利用推薦、全国ブロック別推薦と多様な区分が設けられており、区分によっては併願することも可能です。また、推薦と同じ基礎学力試験を利用した学士選抜が２０２５年度入試から始まります。出願資格は４年生大学の卒業者または卒業見込者であり、以前は３浪以上を得点操作して減点していたことを考えると、年齢の高い学生も積極的に入学させようという大学の姿勢がうかがえます。

また、カリキュラムも「自由な学び系科目」で、在学中から研究室に所属するリサーチ・コースを設けるなど、臨床だけでなく研究の道に進もうとする学生を後押ししています。

旧設という伝統、さらには自由な校風で、医学部受験生には根強い人気があります。今後は新宿キャンパス、および大学病院のある西新宿キャンパスの新校舎建設が予定されています。

入学者

一次合格倍率（一般前期）

6.0倍

23位

入試難易度

66.5

11位

東京慈恵会医科大学

東京都港区

一般選抜の一発勝負で定員を募集

「病気を診ずして病人を診よ」を建学の精神とし明治14年に設立。東京大学をはじめとする日本の医学部がドイツ医学を源流とするのに対し、東京慈恵会医科大学は創設者・高木兼寛が学んだ患者中心のイギリス医学を基調としています。首都圏以外では意外なほどその名を知られていませんが、8000人を超える同窓生と4つの附属病院で臨床に優れた大学として確固たる地位を築いています。

入試形式は一般選抜の1回のみで105人を募集します。入試が多様化する中で、学校推薦型選抜・総合型選抜を行わず、一般選抜の一発勝負で全定員を募集する私立医学部は、東京慈恵会医科大学と自治医科大学のみです。

以前は国公立前期と同日に一般前期、3月上旬に一般後期を行う入試形式を採っていた時代もありましたが、近年は2月10日前後に一次試験、2月下旬に二次試験という形式が続いています。

2024年度入試では一次試験日を慶應義塾大学の前日にするなど、後ろにずらしましたが、志願者や合格者に大きな変化はなく、2025年度入試ではまた元の日程に戻っています。

ただ、年々繰り上げ合格者は減っており、以前は国公立医学部との併願者が多く、200名近く繰り上げが回った年もありましたが、このところ100名に届かない年が続いています。つまり、慈恵が第一志望、または慈恵が合格した中で最も高いレベルという入学者が増えていると分析できます。

入学者

一次合格倍率（一般前期）

3.3倍

4位

入試難易度

70.0

2位

東京女子医科大学

東京都新宿区

学費値上げで受験者数減、今後は名門復活なるか？

医学部の中では唯一の女子医科大学。このところ、病院経営や同窓会の問題などネガティブな報道が続いており、2024年10月、新理事長と新学長に国際医療福祉大学の山中寿教授が就任しました。

病院経営が苦しい中で、2021年度には医学部の学費を1200万円値上げして、4534万円と私立医学部の中では第2位となりました。そのため、受験者数が激減。2022年度入試では一般選抜の志願者数が681名と前年から約3割減となりました。

私立医学部において学費と難易度は密接に関係していて、学費が高ければ高いほど学力上位層は敬遠し、複数校に合格すると進学先として選ばれることが少なくなります。もともと、入試難易度ランキングはずば抜けて高くはありませんでしたが、学費値上げ後は合格最低点が下がり、「入りやすい医学部」の1つとなっています。

ただ、女子だけの環境という特性からか、6年間のストレート合格率は毎年9割を超え、医師国家試験合格率も高い数字を誇っています。

戦前は全国にあった女子医専が戦後は共学になる中で、東京女子医科大学だけが残ったのは、創設者である吉岡彌生の信念がありました。吉岡彌生が唱えた「至誠と愛」を理念とする一方で、早稲田大学との共同研究施設であるTWInsがあり、都心にある附属病院には多くの名医が在籍しているのが特徴です。まずは病院経営を立て直すことが急務ですが、名門復活なるか注目しています。

入学者	一次合格倍率（一般前期）	入試難易度
女性 100.0％	2.3倍（1位）	61.5（30位）

東邦大学

東京都大田区

女子学生に人気、2025 年度から統一入試新設

医学部をはじめ５学部を擁する自然科学の総合大学です。１９２５年に額田豊・額田晉兄弟により設立された帝国女子医学専門学校が前身。１９５０年に男女共学に移行し２０２５年に１００周年を迎えます。もともと女子医専であることや一般選抜での英語の配点が高いことから、女子に人気がある大学です。

近年では２０１３年度に大きな改革が行われ、学費が３１８０万円から２５８０万円となりました。また、私立医学部で初めて面接にＭＭＩが取り入れられ、志願者が増加しました。

２０２１年度入試からは、総合入試や同窓生子女入試が新しく導入され、適性試験や基礎学力といった、いわゆる学力試験ではない独自の年内入試を行っています。コンピュータを使った試験や、資料や課題文の要約が出題され、二次試験はＭＭＩとグループ討論が行われます。

一般入試で募集していた地域枠が、２０２２年度入試からは推薦でも募集されるようになり、出願資格に評定平均や年齢制限がなく、高校から調査書と推薦書が出れば受験可能になりました。

２０２５年度入試からは、全学部で一斉に行う統一入試が新設され、医学部のみＣＥＦＲ Ｂ１以上という出願資格があります。これまで一般入試は２月上旬の１回のみだったので、２月下旬に行われる統一入試は、実質的に後期入試のような形になります。

入学者

一次合格倍率（一般前期）

5.2倍

20位

入試難易度

66.5

11位

日本大学

東京都板橋区

日大の全学部統一入試であるN方式を実施

全国にキャンパスのある日本大学ですが、医学部は6年間、板橋区の大山キャンパスで学び、他学部との交流はほとんどありません。

校舎や附属病院は戦後まもなく建てられたものもあって、かなり古いのですが、ようやく板橋病院の建て替えおよび板橋キャンパス再整備計画が動き出しました。

ずっと医学部独自の入試を行ってきましたが、日大の全学部統一入試であるN方式が実施され、2022年度からはN方式に一本化されました。同時に2月1日の第1期と3月4日の第2期の2回行われるようになり、受験生にとってチャンスが広がりました。公表されている合格最低点は「標準化後の点数」であるため、実際の点数よりも低く出ていると考えてください。他学部と同じマークシート方式の一次試験は易問高得点型の勝負、二次試験は英語と数学の記述試験が課されますが、それなりの高得点が要求されます。

日大はこのところ不祥事が続き、大学全体としては志願者数を減らしていますが、医学部の志願者は堅調に推移しています。東京北西部から埼玉県を中心に関連病院が多く、数多くの卒業生を輩出している割に、私立医学部の中で中堅校にとどまっている理由は、6年間で3310万円という微妙な学費と、校舎があまり綺麗ではないためと推測しています。逆に言えば、それらが解消されたら難易度は間違いなく上がるため、今のところ「おトクな大学」と言えるかもしれません。

入学者

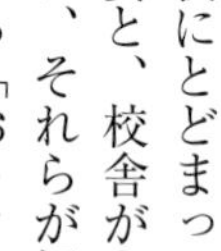

一次合格倍率（一般前期）

4.8倍

14位

入試難易度

65.0

13位

日本医科大学

東京都文京区

学費値下げで国公立医学部との併願者が増加

慶應義塾大学・東京慈恵会医科大学と並んで、いわゆる「私立御三家」と呼ばれています。最近はこれに順天堂大学を合わせて4大学とすることも多いようですが、明治9年に創設された済生学舎を源流とする日本医科大学は、間違いなく私立医学部を代表する大学の1つです。

2018年度に学費を値下げして2220万円としてからは、より国公立医学部との併願者が増えたのか、これまでどちらかと言うと御三家の中では高めだった入学者の年齢層が下がり、近年は一般前期の繰り上げ合格者も以前ほど回らなくなってきています。

これは東京慈恵会医科大学でも同じような現象が起きており、受験生の間で「地方の国公立医学部よりは東京の私立医学部」という流れが、より顕著なものとなっているのかもしれません。

1年次は武蔵境にある日本獣医生命科学大学との共同キャンパス、2年次からは千駄木キャンパスで学びます。昔から研究で有名で、私立医学部の中では研究がさかんな大学として知られています。

ずっと推薦は実施していませんでしたが、2022年度から早稲田の付属・系属校を対象に指定校推薦を6名で導入。早稲田大学にとって医学部設置は悲願であり、地理的に近い日本医科大学は「早稲田が買収するのではないか」という噂が流れたことがありました。あくまで指定校推薦は高大接続連携に関する一環で、買収や合併はないと大学側は否定しています。

入学者

一次合格倍率（一般前期）

4.8倍　14位

入試難易度

69.0　3位

北里大学

神奈川県相模原市

入学定員の約４割を推薦で募集

東京都港区白金にある北里研究所を母体として設立された北里大学は、北里柴三郎を学祖としています。北里柴三郎は第1回ノーベル医学・生理学賞の最終候補に挙げられていましたが、受賞したのは論文を共同執筆したベーリングでした。それから１１４年後、北里大学の大村智博士がノーベル医学・生理学賞を受賞して、いわば１００年以上を経てのリベンジということになり、大学は歓びに包まれました。

その一方で、医学部の入試難易度はそれほど高くありません。近年は私立医学部の中では5番目に高い学費と、最寄りの相模大野駅からスクールバスを使わなければならないことから、複数の医学部に合格した場合、敬遠されることもあります。

以前に比べると難易度は下がった印象ですが、それは大学の教育や施設・設備どうこうというよりも、単純に学費と交通の便に集約されると言ってもいいかもしれません。

入試制度の特徴は指定校推薦で35名、指定校地域枠推薦で約16名と、入学定員の約4割を推薦で募集することです。必然的に現役生の割合が高くなりますが、医師国家試験合格率は例年、非常に高い水準を維持しています。

ちなみに、ドラマ『TOKYO MER～走る緊急救命室～』は、前医学部長で現学長の浅利靖博士ら北里大学救命救急が医療監修・医事指導を行っています。

入学者

一次合格倍率（一般前期）

3.9倍

8位

入試難易度

63.5

21位

聖マリアンナ医科大学

神奈川県川崎市

「頑張れば合格できるのでは」という絶妙なレベル

日本で唯一のカトリック系医科大学として知られています。創設者である明石嘉聞博士がカトリック信者であり、昭和46年に東洋医科大学の名で設立。その後、聖マリアンナ医科大学に改称しますが、これは明石博士の妹の洗礼名である「シスター・マリアンナ」に由来します。

キャンパスと大学病院は川崎市宮前区にありますが、どの最寄り駅からも距離があってバスが出ており、内部の方々が自嘲的に「陸の孤島」とおっしゃることもあります。

2018年の医学部不適切入試問題では、意図的ではないが属性によって評価の差が生じたとし、受験者に受験料を返還しています。

6年間の学費がそれほど高くなく、受験生にとっては「頑張れば合格できるのでは」と思える絶妙なレベルで人気を集めています。学校推薦型選抜は一般公募と神奈川県地域枠ですが、指定校を廃止した年は志願者がガクンと減り、翌年から基礎学力試験の内容が変わって、英語・数学・理科2科目のシンプルな出題範囲となりました。

一般選抜の入試問題は記述式で試験時間が長く、スピード勝負の多い関東の私立医学部の中では、例外的な出題傾向となっています。2024年度入試では一次試験が2月8日と、前期日程の終盤に行われたためか、3000名を超える志願者を集め、繰り上げ合格も少なく、「ここだけ合格した受験生」が多いことを想像させました。

入学者

一次合格倍率（一般前期）

5.9倍

22位

入試難易度

64.0

17位

東海大学

神奈川県伊勢原市

一般選抜は英語・数学と理科１科目

創立者・松前重義がデンマークの教育機関をモデルとして、昭和30年に設立。医学部は昭和49年に開設されました。

講座医局制の廃止や、40名で募集を開始した編入学試験、ハワイ大学とのHMEPプログラムなど、常に新しいことにチャレンジする校風があり、編入学試験は「展学のすすめ」と名前を変えて、１年次入学で残っています。また、現役生のみが受験できる併願可能な総合型選抜を「希望の星育成」と独自の名称を付けて、新しいイメージを感じさせることに成功しています。

一般選抜は英語・数学・理科１科目と、私立医学部には珍しく理科１科目で受験できる大学です。一次試験は２日間ありますが、いずれも得点は標準化されて、試験日や科目による有利・不利が出ないように調整されています。ちなみに、理科の選択科目で最も多いのは化学ですが、あくまで出題がオーソドックスだから取る人が多いだけであり、得意な科目で勝負することをお勧めしています。

２０２３年度入試からは、一般選抜で数学Ⅲを出題分野から外し、志願者数を大きく伸ばしました。入試における負担を減らすことが、今の受験生の動向には大きく影響すると予想したうえでの変更でした。

余談ですが、〈希望の星育成〉選抜は、当時の東海大学の入試ご担当者と私が「こういう人材を入学させることができたらいいですね」と話したことが元になって設けられた…らしいです。

入学者

女性 47.9%　男性 52.1%

一次合格倍率（一般前期）

10.0倍　28位

入試難易度

64.0　17位

金沢医科大学

石川県河北郡

試験範囲が狭く特徴的な総合型選抜

日本海側にある唯一の私立医学部です。何と言っても特徴的なのはAO入試や卒業生子女入試などの総合型選抜。卒業後も大学病院に残って北陸の医療に貢献しなければなりませんが、25歳以下であれば誰でも受けることができます。専願です。

試験範囲が英語と数学Ⅰ・Aや物理基礎・化学基礎・生物基礎から2科目など狭いことが特徴で、問題もそれほど難しくないことから、学力的に自信のない医学部受験生にとっては狙《ねら》い目であり、毎年200名を超える志願者を集めます。

医学部入試は出願資格が限定されるほど難易度が下がる傾向にありますが、金沢医科大学の総合型選抜はその典型的な例と言えるでしょう。つまり、学費が6年間で3950万円と高く、卒業後の勤務地制限があるため、学力上位層はほとんど受けてきません。出題範囲が狭いことは、学力に自信のない層にとって魅力的でしょうから、200名を超える志願者の学力にそれほど差がなく、ミスしたら負けという勝負です。

一般選抜は前期と後期の2回行われ、いずれもマークシート方式で、問題もそれほど難しいものは出題されません。「他の医学部はダメだったが、金沢医科大学だけ合格した」という状況が生まれやすく、特に一般前期は一次試験が2日間あり、2回チャンスがあることになります。二次試験は小論文とグループ面接ですが、グループ面接は金沢医科大学独特の形式で討論が行われます。

入学者

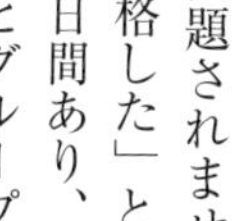

一次合格倍率（一般前期）

7.3倍

25位

入試難易度

63.0

25位

愛知医科大学

愛知県長久手市

面接試験は丁寧に時間をかけて受験生を見極める

愛知県には私立医学部が2校あり、そのうちの1校。早くからドクターヘリを導入しているため、救命救急で有名です。

建学の精神として『具眼考究』があるものの、面接試験や小論文で聞かれることはなく、同窓会の存在もさっぱりしています。ただ、2024年度の学校推薦型選抜で、愛知医科大学のロゴマークはどういう成り立ちをしているか、珍しく面接試験で聞かれました。

愛知医科大学の面接試験といえば「時間が長い」「圧迫面接」で有名でしたが、近年はほとんど面接で圧迫されることはなく、面接官が丁寧に時間をかけて受験生を見極めようとする印象です。

以前はよく「愛知医科大学と藤田医科大学の違いはありますか？」と聞かれましたが、最近はこの2校の校風にははっきりと違いがあります。それでも地元・東海地方の医学部受験生にとっては、「とりあえず、愛知医科・藤田医科は受ける」のが基本であり、国公立医学部と併願する受験生を想定してか、一般選抜の問題も記述式で試験時間は長めとなっています。

学校推薦型選抜で約20名、愛知県地域枠で10名を募集し、地域枠は推薦で約5名、共通テスト利用後期で約5名と振り分けられます。推薦の地域枠合格者が5名に満たなかった場合は、共通テスト利用の方にその分の定員が回されます。

推薦は1浪まで受験できますが、学力試験は英語と数学のみなので、理科が仕上がっていない現役生にもチャンスはあります。

入学者

女性 48.7% 男性 51.3%

一次合格倍率（一般前期）

4.8倍 14位

入試難易度

63.5 21位

藤田医科大学

愛知県豊明市

学力だけでなく面接試験を含む全ての科目に配点

「世界のFUJITA」を目指して、次々に新しい取り組みを行い、2018年に藤田保健衛生大学から藤田医科大学に改称しました。入試は単純明快で、「どれだけ国公立医学部の志望者を取り込めるか」を基本に設計されています。最もわかりやすいのが総合型選抜である「ふじた未来入試」で、国公立医学部医学科に合格した場合のみ入学辞退が許されます。

一般選抜の問題も記述式ではありますが、英語と数学にマークシート部分を設けて、その部分が基準点に達していなかったら即座に足切りするという独自の形式です。それにより、記述式の答案を採点する時間を短縮し、合格発表までの期間を短くしています。

他にも、学力試験だけでなく面接試験を含むすべての試験科目に配点があり、受験者全員に得点開示がされます。また、面接試験は試験官の先入観を取り除くために制服の着用を禁止するなど、独自の試みが行われています。面接試験ではMMIが行われ、他の大学と異なり、シートに関する自分の意見を言い終わっても面接官は質問してきません。制限時間が終わるまでの間、沈黙が続くことになりますが、それは合否とは全く関係ありません。

附属病院は病床数が1000床を超え「断らない救急医療」を標榜。開院直前だった岡崎医療センターはダイヤモンド・プリンセス号の新型コロナの感染者を受け入れました。東京・羽田には先端医療センターを開設するなど、常に新しい取り組みを進めています。

入学者

一次合格倍率（一般前期）

4.0倍

9位

入試難易度

64.5

14位

大阪医科薬科大学

大阪府高槻市

近年は総合型「至誠仁術」入試、推薦など徐々に変化

２０２１年４月、大阪医科大学が大阪薬科大学と統合して大阪医科薬科大学と改称。昭和２年に設立された旧設医大として、関西にある４つの私立医学部の中では格の違いを誇っていましたが、近年関西医科大学が大胆な学費の値下げをしたことから、その地位に変化が生じています。それでも、留年者の少なさは関西４私大の中ではやはり特筆すべき数字であり、自由な校風と自主的に勉強する学生という図式に今のところ変化はありません。

一般選抜の入試問題は、国公立、中でも旧帝大医学部志望者を想定しているかのような出題形式でしたが、近年少しずつ易化しています。以前から総合型選抜として共通テスト利用型の「至誠仁術」入試を実施していましたが、専願制ではなかなか入学者がおらず、後から導入した併願制だけが残る形となりました。

公募制推薦が２０２４年度から始まり、出願資格に英語検定資格試験のスコア・級が必要だったりするなど、一般選抜と共通テスト利用選抜だけだった入試にも、徐々に変化が生じています。

「大医と関医、両方受かったらどちらに行く?」というのは、関西の医学部受験生にとって贅沢な悩みの１つですが、大医ほぼ一人勝ちだった時代を経て、今は自宅からの近さや大学の雰囲気、施設・設備などで決める受験生が増えてきました。以前は「大医は関連病院が少ないし……」と言われていましたが、自由に研修先を決められる今の受験生にとってはそれほど関係がないようです。

入学者

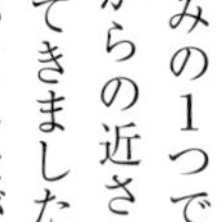

一次合格倍率（一般前期）

7.8倍　26位

入試難易度

68.0　9位

関西医科大学

大阪府枚方市

学校推薦型は特別枠・一般枠・特色選抜など多彩

２０１３年より現在の枚方キャンパスに移転。同時に、一般選抜で東京会場を設けたり入試区分を増やすなど改革が始まりました。

元は大阪女子医専だったこともあり、研究よりは臨床医を輩出するイメージでしたが、近年は光免疫療法で世界的に有名な小林久隆医師を迎えて光免疫研究所を開設し、研究にも力を入れています。また、竣工した関医タワーの中に国際化推進センターを設け、積極的に海外の優秀な人材と交流するなど新しい取り組みをしています。

学校推薦型選抜は、卒業後に就労義務がある特別枠、併願できる一般枠と特色選抜があります。特色選抜は英語型・国際型・科学型の３つの枠がありますが、ほとんどの受験生が英語型で受験し、合格します。英検準１級以上を持っていれば英語型で受けることができますが、併願可能なこともあってか、近年は受験者が増えて難化している印象です。ただし、関西医科大学の推薦は問題が公表されておらず、試験内容もわかりやすく英語・数学・理科と分かれていないため、あらかじめ情報を手に入れたうえで対策すれば、逆転合格のチャンスも生まれると考えています。

一般選抜は前期・後期・共テ利用・共テ一般併用など、さまざまな形式がありますが、総じて国公立医学部志望者が併願することが前提になっている印象です。どうせ共通テストを受けるなら、どの入試区分が最も自分に有利になるかはわからないから、念のため併願をしておこうといった感じでしょうか。

入学者

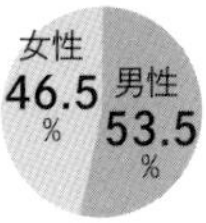

一次合格倍率（一般前期）

5.7倍　21位

入試難易度

68.5　5位

近畿大学

大阪府大阪狭山市

2025年11月、おおさかメディカルキャンパスに移転

15学部6キャンパスを擁する総合大学で、11年連続で一般選抜の志願者数が日本一を更新中。医学部は昭和49年に設置されました。

2025年11月、医学部と大学病院が大阪狭山キャンパスから泉北高速鉄道泉ケ丘駅前に移転予定です。これまでのように最寄り駅からバスではなく、駅前になるため、新しいキャンパスと相まって受験生の人気は上がると考えられます。

入試問題は総合大学の特性で、医学部独自問題と他学部共通問題が混ざっており、問題作成者も他学部の教員だったりします。そのため、難易度にブレがあったり、医学部らしくない問題があり、過去問を使ってしっかり対策することが求められます。得点は中央値補正法によって、科目によって有利・不利が出ないように調整されます。学校推薦型選抜は、1浪までなら評定平均に関係なく誰でも受けることができ、しかも併願可能なため、昔から国公立医学部志望者に人気が高い入試形式です。近大推薦で受かれば自分が本当に行きたい大学に絞って受験できるため、毎年600~700名を超える志願者を集めます。

関西は国公立医学部が7校、私立医学部が4校と国公立医学部のほうが多いため、国公立医学部志望者が多い地域です。そのため、併願可能な年内入試は人気があります。近畿大学は入試に関するデータをかなり細かいことまで公表していて、受験生や保護者の方はホームページを見ればほぼ概要がわかります。

入学者

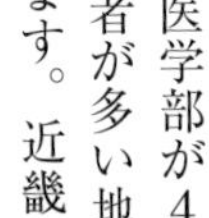

一次合格倍率（一般前期）

7.8倍

26位

入試難易度

64.5

14位

兵庫医科大学

兵庫県西宮市

2023 年度から始まった総合型選抜は数学なし

２０２２年４月、兵庫医療大学と統合して、医学部の他に薬学部・看護学部・リハビリテーション学部の４学部を擁する医療系総合大学となりました。阪神電鉄武庫川駅の改札を出てすぐにキャンパスが広がり、大学病院の新棟が現在建設中です。２０１７年に教育研究棟が竣工し、私も何度か中を見学したことがありますが、非常に綺麗で、建物のあちこちに自習スペースがあります。

学校推薦型選抜と一般選抜の他に、２０２３年度から総合型選抜が始まりました。総合型選抜は一般枠と卒業生子女枠に分かれており、一般枠の推薦書は医療従事者であれば誰に書いていただいてもＯＫです。総合型選抜は、学校推薦型選抜と同じ入試問題ですが、数学がないため、数学が苦手な受験生にとっては総合型選抜と学校推薦型選抜を併願すると、チャンスが広がることになります。

一般選抜は通常の一般Ａと、英語外部検定試験が出願資格にある一般Ｂの２種類があります。一般Ｂは一次試験で英語がなく、数学と理科１科目で判定されます。英語は二次試験で課されます。

私立医学部は、必ずしも大学の難易度と入試問題の難易度が比例しませんが、兵庫医科大学はその最もわかりやすい例です。関西の私立医学部４校の中では、おそらく最も易しいと思われますが、入試問題は記述式で難しい問題が出題されます。そのため、合格最低点はそれほど高くなく、正規合格者で６割程度です。繰り上げ合格者を入れると５割台で合格できることになります。

入学者

一次合格倍率（一般前期）

4.7 倍

13 位

入試難易度

64.5

14 位

川崎医科大学

岡山県倉敷市

一般選抜は本学でのみ、地域枠が多彩

その名前から神奈川県川崎市にあると誤解されることがありますが、大学の所在地は岡山県倉敷市です。

私立医学部の中で唯一、一般選抜を本学キャンパスでのみ行い、地方会場を設けていない大学です。大学キャンパスをその目で見てから受験してほしいという意図があるそうです。

６年間の学費が私立医学部の中で最も高く４５５０万円かかります。さらに、１年次全寮制のため、これに寮費がかかります。

一般選抜と同時に静岡県地域枠、長崎県地域枠、岡山県地域枠と併願することができます。地域枠の合格最低点は公表されていませんが、おそらくは一般枠より地域枠の方が最低点が低いと思われます。一般選抜の他には総合型選抜、さらに附属推薦があります。川崎医科大学附属高校は全寮制で３年間の学費は１６００万円ほど。約９割の生徒が附属推薦で同大学に進学します。

４浪まで受験できる総合型選抜は中四国地域枠、そして特定診療科枠、霧島市地域枠があります。鹿児島県霧島市は大学の創設者である川崎祐宣の出身地であり、霧島市に居住しているか、霧島市にある高校出身であることが条件になります。霧島市には鹿児島第一高校しかなく、ほぼ指定校推薦のような形です。

留年者が多いことを心配する声をよくいただきますが、２０２３年３月に卒業した学生の６年間ストレート卒業率は72・7％と他の医学部と比べてそれほど遜色はありません。

入学者

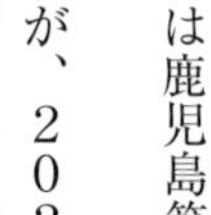

一次合格倍率（一般前期）

3.0倍

2位

入試難易度

61.5

30位

久留米大学

福岡県久留米市

推薦と一般選抜どちらもゆとりの試験時間

昭和3年に設立された九州医学専門学校を前身とし、医学部の他に5学部を擁する総合大学です。医学部と大学病院は旭町キャンパスにあり、その他の学部は御井キャンパスにあります。

福岡県には3つの私立医学部がありますが、修学資金制度のある産業医科大学を除くと、九州の多くの医学部受験生は久留米大学と福岡大学を受験します。以前は福岡大学よりも旧設医大である久留米大学を選ぶ受験生が多かったのですが、近年は交通の便や立地の良さなどから、福岡大学を選ぶ受験生も増えてきました。

学校推薦型選抜は一般枠であるA日程、久留米大学特別枠、福岡県特別枠の3種類があり、2浪までなら評定平均に関わらず、誰でも受けることができます。また、理系大学を卒業または卒業見込の再受験生向け（25歳または27歳以下の者）の自己推薦型選抜もあります。

推薦で課されるのは英語・数学・小論文ですが、試験時間は各60分と時間にゆとりのある試験内容となっています。英語と数学を合わせて60分で解く福岡大学医学部の推薦とは対照的です。

一般選抜もどちらかと言うと、試験時間にはゆとりがあり、スピード勝負が苦手な受験生は受けてみてもいいでしょう。

このところ、一般前期の一次試験が行われる2月1日は日本大学や東京女子医科大学と日程が重なるため、関東からの受験生は少ない傾向にあります。

入学者

一次合格倍率（一般前期）

3.6倍

6位

入試難易度

63.0

25位

産業医科大学

福岡県北九州市

学力試験の合格最低点は50~60％台

産業医の養成を目的として厚生労働省が支援する私立大学。卒業すると医師と産業医の永久資格を取得することができ、6年間で1900万円強の修学資金が貸与されます。修学資金は貸与を受けた期間の1・5倍の期間、産業医等の職務に就けば全額免除されます。

医学部は学校推薦型選抜と一般選抜の2区分で学生を募集していましたが、2024年度入試から総合型選抜が導入されました。

また、一般選抜はずっと、共通テスト＋大学独自の学力試験＋大学独自の小論文・面接試験という形式でした。ところが、近年は志願者が減少傾向にあり、2024年度入試から従来通りの一般Aと、大学独自の学力試験＋大学独自の小論文・面接試験の一般Bと、共通テスト＋大学独自の小論文・面接試験の3区分に分かれました。

そのため、2024年度入試では志願者が増加、一般Aは前年比15％増となりました。

大学独自の学力試験は、国公立医学部との併願者を想定しているため、国公立型の記述式が出題されます。学力試験の合格者最低点は50％台から良くても60％台前半と、それほど高くありません。

2024年度入試は受験者が増えたこともあり、学力試験の合格最低点は62・2％と近年では高いパーセンテージを記録しました。

共通テストの合格者最低点も65％前後とそれほど高い得点率でなくても、一次試験は合格できることがわかります。小論文・面接も合わせた総合点の合格最低点は60％台です。

入学者

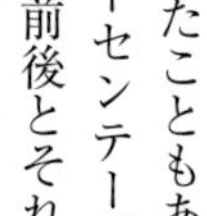

一次合格倍率（一般前期）

3.1倍

3位

入試難易度

67.5

10位

福岡大学

福岡県福岡市

地下鉄七隈駅を降りると目の前にキャンパスが広がる

昭和9年に設立された福岡高等商業学校を母体とする総合大学。医学部は昭和47年に開設されました。

博多駅から地下鉄で20分ほど、地下鉄の駅を上がって目の前に大学があります。すべての学部が七隈キャンパスにあり、大学病院も併設されています。

学校推薦型選抜は一般公募のA方式と、地域枠、そして附属校推薦があります。推薦だけで40名を募集するので、定員が110名ですから4割近くを推薦入学者が占めることになります。

推薦は60分で英語・数学の2教科を解くという特殊な形式で、数学は記述問題も含まれるため、時間に余裕はありません。あらかじめ、どちらから解くか戦略を立てて臨む必要があります。

その他には一般選抜と共通テスト利用選抜があり、一般選抜は他学部共通問題と医学部独自問題が混ざっています。そのため非常に簡単な問題と、難しい問題が混在しており、問題を解く際に見極めが必要なことがあります。

ただ、例外はあるものの、おおむね解きやすい問題が並んでいるため、一次合格するには7割近くあると安心できるでしょう。

女性が多いのも福岡大学の特徴で、総合大学の中に医学部が設けられている私立医学部の中では唯一、文系学部など他の学部と同じ敷地内にキャンパスがあります。

入学者

一次合格倍率（一般前期）

4.2倍

11位

入試難易度

63.5

21位

おわりに

高校生の時、私には医学部を目指しているボーイフレンドがいて、同じ教室でセンター試験を受けることになりました。1日目の国語が終わった後、彼が真っ青な顔をして、私の方に近づいてきました。「どうしたの？」「国語で最後にマークミスした」なんと、試験終了直前に、マークが最後から1個ずつズレていることに気づき、慌てて消して塗り直したものの、時間がなくて全部は確認できなかったとのこと。

今の私なら、どんな修羅場でも受験生を励ますことが仕事ですから、このぐらいのマークミスでうろたえることはありませんが、何しろ当時は普通の高校生だったので、彼に気のきいた慰めの言葉一つかけられませんでした。その後、彼は国公立医学部に後期試験で合格。マークミスはしていたけれど、致命傷ではなかったのでしょう。

それから30年近くが経ったある日、医学部を受験している生徒から私に連絡が入りました。「どうしよう、鈴村さん。マークミスしたことに終わってから気づいちゃった！」生徒からの悲痛な訴えに、慌てて時間割を確認すると、最後にもう1科目残っていました。「仕方ない。終わったことは切り替えて、最後の1科目で全力を尽くそうよ」―私の脳裏に浮かんだのは、高校生の時のセンター試験でマークミスをして真っ青になっていた彼の姿でした。私があの手この手で必死に元気づけると、生徒は落ち着きを取り戻したのか見事に合格しました。ああ、自分はプロになったな、と思った瞬間でした。

高校生だった当時、自分が医学部受験に携わるとは夢にも思っていませんでしたが、今後も受験生や保護者の方々に寄り添い、医学部進学をサポートしていきます。

私がこの道に進むきっかけとなった（株）ナガセ（東進）の皆さん、メルリックス学院の諸先生、私と一緒に仕事をしてくださった皆さん、そして常に厳しくも温かい助言をくださるすべての方に感謝いたします

２０２４年12月

鈴村　倫衣

おわりに

鈴村 倫衣（すずむら みちえ）
愛知県出身。1996 年、東京都立大学人文学部社会学科卒業。企業の人事部などを経て、医歯専門予備校メルリックス学院の設立に参画。多くの医学部受験生の進路指導、面接指導にあたる。2022 年からはメルリックス学院医学部・歯学部受験情報センター長。全国各地の高校・大学などで講演を行い、医学部受験のインフルエンサーとしても活動。『メルリックス受験情報ブログ』で入試に関する情報を発信するかたわら、X（旧 Twitter）のアカウントでは、これまでに受験生から寄せられた 11,000 件以上の質問に答えている。

偏差値《へんさち》40からでも
医学部合格《いがくぶごうかく》
必勝《ひっしょう》回答《かいとう》50

2024 年 12 月 19 日　第 1 刷発行

著者／鈴村 倫衣《すずむら みちえ》
発行者／和泉 功
発行／株式会社 IDP 出版
〒 107-0052　東京都港区赤坂 4-13-5-143
出版部／ TEL：03-3584-9301　FAX：03-3584-9302
URL：www.idp-pb.com

印刷・製本／藤原印刷株式会社
装丁／仲川里美
イラスト／坂下京子

ISBN978-4-905130-47-5　　C0037